Britta Schöffmann

DIE SKALA DER AUSBILDUNG

KOSMOS

Umschlaggestaltung von eStudio Calamar unter Verwendung von 2 Farbfotos von Jacques Toffi (Hauptmotiv) und Barbara Schnell (U4).
Mit 160 Farbfotos und 22 Farbillustrationen.

BILDNACHWEIS
Farbfotos: Jean Christen / Kosmos (2: S. 16, 145), Felix von Döring / Kosmos (3: S. 16, 130, 161), Klaus-Jürgen Guni / Kosmos (9: S. 13, 48, 131, 149, 151, 153, 158, 159, 160), Lothar Lenz / Kosmos (18: S. 14, 17, 54, 55, 60, 70, 126, 129, 161), Julia Rau (3: S. 53, 155, 156), Christof Salata / Kosmos (6: S. 133, 134, 143, 144), Christiane Slawik (2: S. 11, 122), Horst Streitferdt / Kosmos (1: S. 57), Alle weiteren 116 Fotos wurden von Alois Müller für dieses Buch angefertigt.
Farbillustrationen: Cornelia Koller (18: S. 23, 29, 43, 64, 74, 75, 80, 81, 89, 115, 132, 139, 140, 141, 142), Dr. Britta Schöffmann (4: S. 21, 26, 28, 29).

Das Umschlagfoto zeigt Heike Kemmer auf BONAPARTE bei der Deutschen Dressurmeisterschaft 2005 in Verden.

Die Autorin dankt der Familie Theodorescu und dem Ausbildungsstall Schiergen für die Unterstützung der Fotoproduktion. Ein Dank geht auch an Ingrid Klimke, Agnes Wehrhahn, Karl Heinz Giebmanns und Grischa Ludwig für die fachlichen Gespräche.

Bibliografische Information der Deutschen Bibliothek
Die Deutsche Bibliothek verzeichnet diese Publikation in der Deutschen Nationalbibliografie; detaillierte bibliografische Daten sind im Internet über http://dnb.ddb.de abrufbar.

Gedruckt auf chlorfrei gebleichtem Papier
2., aktualisierte Auflage
© 2003, 2006, Franckh-Kosmos Verlags-GmbH & Co. KG, Stuttgart
Alle Rechte vorbehalten
ISBN-13: 978-3-440-10785-0
ISBN-10: 3-440-10785-X
Redaktion: Alexandra Haungs
Gestaltungskonzept: eStudio Calamar
Produktion: Kirsten Raue, Claudia Kupferer
Printed in Germany / Imprimé en Allemagne

Informationen senden wir Ihnen gerne zu

Bücher · Kalender
Experimentierkästen · Kinder- und Erwachsenenspiele

Natur · Garten · Essen & Trinken
Astronomie · Hunde & Heimtiere
Pferde & Reiten · Tauchen
Angeln & Jagd · Golf
Eisenbahn & Nutzfahrzeuge
Kinderbücher

KOSMOS

Postfach 10 60 11
D-70049 Stuttgart
TELEFON +49 (0)711-2191-0
FAX +49 (0)711-2191-422
WEB www.kosmos.de
E-MAIL info@kosmos.de

DIE SKALA DER AUSBILDUNG – MEHR ALS EIN RELIKT

DAS FUNDAMENT MUSS STIMMEN

TANZENDE PFERDE: SCHWUNG, GERADERICHTUNG, VERSAMMLUNG

DIE AUSBILDUNGSSKALA GILT FÜR ALLE DISZIPLINEN

SERVICE

ZUM GELEIT

Fortschritt und Entwicklung schreiten – zum Beispiel in Technik und Medizin – mit Riesenschritten voran. Es scheint keinen Stillstand auf der Welt zu geben. Alles verändert sich in rasender Eile. Nur auf einem Gebiet gibt es keine größeren und schnelleren Schritte: in der Natur. Sie hat ihren eigenen Rhythmus. Und so lässt sich auch der Umgang mit der Natur, mit den Tieren und damit auch mit unseren Pferden nicht in Schnell-Schnell- und Hauruck-Verfahren gestalten. Hier kann und darf der Mensch das Tempo nicht forcieren!

Monica Theodorescu, die 1988 und 1992 im olympischen Dressurteam eine Goldmedaille gewann, hat für zahlreiche Fotos in diesem Buch Modell gestanden.

Nur auf einem soliden Fundament kann man bauen. Schritt für Schritt. Wie wir alle wissen, ist jedes Pferd – genau wie wir Menschen – ein eigenständiges Individuum. Sehr verschieden in seiner Art, seinem Verhalten und seinen Reaktionen. Um dieses Individuum zu kennen, gut zu kennen, muss man als Mensch viel Zeit, jede Menge Passion und Liebe und noch viel mehr Geduld mitbringen. Die Pferde haben Geduld mit uns, und wir sollten zumindst die Hälfte dieser Geduld für sie aufwenden.

Die alten Meister, die keine oder nur wenige Maschinen kannten, denen die heutige „Knopfdruck-Mentalität" und „Fun-Gesellschaft" unbekannt waren, hatten diese Geduld. Sie waren und sind uns deshalb im Umgang mit den Pferden weit voraus. Denn in früheren Zeiten war das Pferd im Leben der Menschen die einzige Hilfe und deshalb auch sein bester Freund und ein wertvolles Gut. Nun erscheint Neues vielen Menschen anfangs besser als Althergebrachtes – bis sich herausstellt, dass dem nicht immer so ist und dass man getrost hin und wieder das seit langem Gültige bewahren sollte. Denn es basiert auf Wissen und Erfahrung. Mit ihrem Buch „Die Skala der Ausbildung" bekräftigt die Autorin – selbst Dressurreiterin und Richterin – wie wichtig es ist, sich verstärkt auf die alten Weisheiten und damit auf die Skala der Ausbildung zurück zu besinnen. Die Zusammenstellung interessanter alter Zitate und neuer Erkenntnisse der modernen Reiterei und Pferdehaltung verdeutlicht eindrucksvoll und gut lesbar die immer während Aktualität der Skala der Ausbildung. Denn die Skala wurde ja nicht irgendwann erfunden, sie wurde gefunden.

Man trifft heute allerdings immer wieder Reiter, Trainer und Richter, die bei dem Thema „Grundausbildung" mit der Bemerkung abwinken: „Das weiß ich ja alles, aber heutzutage macht man eben vieles schneller." Manche von ihnen haben dabei jedoch vergessen, dass zunächst alle sechs Punkte der Skala in der richtigen Reihenfolge korrekt und gründlich erarbeitet werden müssen, bevor der Reiter mit seinem Pferd die Perfektion und Leichtigkeit der Zusammenarbeit, die Harmonie, erreicht.

Wie schon Wilhelm Müseler 1953 in seinem Buch „Reitlehre" schrieb, ist „vollendete Harmonie zwischen Reiter und Pferd – also Schönheit – das Endziel aller Dressur. Man muß dem Pferde ansehen, daß es sich wohlfühlt, und darf dem Reiter nicht anmerken, wie schwer der Weg ist."

George Theodorescu, Olympiateilnehmer 1956/1957 für Rumänien, internationaler Ausbilder, 1992 „Dressurtrainer des Jahres", Ausbilder unzähliger Grand-Prix-Pferde und -Reiter, erfolgreichste Schülerin Tochter Monica (olympisches Team-Gold 1988 und 1992).

Britta Schöffmann zeigt in ihrem Buch „Die Skala der Ausbildung" sehr deutlich den korrekten und den falschen Weg auf, anschaulich unterstützt an Hand von vielen Beispielen mit Schritt-Schritt-Fotografien und leicht verständlichen Beschreibungen. Und sie versucht auch all denen, die nicht Dressur, sondern eine andere Disziplin reiten, begreiflich zu machen, dass das Vorgehen nach der Skala der Ausbildung jeden Reiter zur besseren Harmonie mit seinem Pferd bringt – egal ob im Sport oder beim Freizeitreiten. Ich hoffe und wünsche, dass mit diesem Buch vielen Reitern und Ausbildern – und damit auch vielen Pferden – geholfen wird.

GEORGE THEODORESCU

WARUM DIE SKALA DER AUSBILDUNG SO WICHTIG IST

Könnten Sie für uns nicht ein Buch über die Skala der Ausbildung schreiben? So lautete die telefonische Anfrage des Kosmos-Verlages an mich, während ich gerade auf dem Pferd saß. Natürlich freute ich mich über das Anliegen, dachte aber gleichzeitig auch, dass über dieses Thema ja nun schon allerhand geschrieben steht. Brauchte da überhaupt irgendjemand ein solches Buch aus meiner Feder? Immerhin bin ich nicht berühmt, nehme an keinen internationalen Turnieren teil und bin auch als Ausbilderin eher unbekannt. Aber dann fiel mir ein, dass es mich in der täglichen Reitpraxis und auch als Richterin oft ärgert, wie unbedarft und selbstsicher sich manche Reiter aufs Pferd setzen und ihre Vierbeiner für Fehler und Reaktionen bestrafen, die allein auf mangelndem Können oder fehlendem Wissen der Reiter beruhen. Ersteres ist dabei kein Beinbruch, nicht jeder Reiter kann ein Klimke, eine Werth oder ein Beerbaum sein. Aber lernen und sich informieren, das kann jeder. Die wenigsten scheinen es aber zu tun. „Die Skala der Ausbildung – was ist das denn?" oder „Ach ja, die braucht man doch nur für junge Pferde" habe ich ebenso oft gehört wie „Ausbildungsskala – so ein altmodischer Kram, da richtet sich doch heute keiner mehr nach". Na ja, keiner mehr stimmt zum Glück nicht, die guten Reiter und Ausbilder arbeiten ihre Pferde schon nach den Erkenntnissen der Skala. Trotzdem zeigt der Blick auf die Reitplätze und Dressurvierecke im Lande immer häufiger traurige Bilder: Eng zusammengezogene oder stumpf auf der Vorhand laufende Pferde, ungeduldige Reiter und ‚Reitlehrer', die im besten Fall ihren Schülern noch das ‚Wie' erklären, selten aber das ‚Warum'. Dabei ist gerade letzteres für das reiterliche Fortkommen so immens wichtig. Denn was nutzt es, wenn man ein Pferd

vielleicht an den Zügel reiten kann, den Zusammenhang zwischen Haltung, Muskelarbeit und Durchlässigkeit aber nicht kennt. Und was nutzt es, wenn man seinem Pferd zirkusartig alle möglichen Lektionen in Rekordzeit beibringen kann, aber nicht versteht, warum einige dieser Lektionen nur von einem durch systematisches Training gestärkten Pferd verlangt werden sollen. Ich selbst hatte das Glück, von Beginn meiner Reiterei an gute Ausbilder gehabt zu haben, die mir eben auch das ‚Warum' näher brachten. Waltraud Weingarten zum Beispiel, heute Mitarbeiterin der Deutschen Reiterlichen Vereinigung/Abteilung Ausbildung, oder Fritz Tempelmann, seinerzeit als ‚Meistermacher' bekannt, später auch Olympionike Harry Boldt, Reitmeister Jean Bemelmans und Ex-Bundestrainer Klaus Balkenhol. Sie alle lehrten und lehren nach der Skala der Ausbildung, wobei mich Tempelmann in meiner Jugend sicher am meisten beeinflusst hat. „Locker müssen sie sein", war einer seiner Standardsätze, den ich bis heute versuche, bei der Ausbildung meiner Pferde immer im Hinterkopf zu haben. Locker, das ist das eigentliche Geheimnis der Reiterei. Reiten soll Spaß machen – dem Reiter und dem Pferd. Oft scheint aber genau dies heutzutage vergessen zu werden. „Der Bock läuft nicht", „Der Esel ist nicht gut genug", „Der braucht mal 'ne Packung" oder „Schnall' doch den Schlaufzügel drauf" – so die oft gehörten Hauruck-Verfahren-Sprüche. Statt sich selbst zu quälen und dazu zu lernen, wird alles auf die vermeintliche Unfähigkeit und Sturheit des Pferdes geschoben. So mancher Vierbeiner bleibt dabei auf der Strecke. Schade, denn beim Reiten geht es nicht nur um sportliche Betätigung, um Erfolg, Ruhm oder nettes Freizeitvergnügen, es geht in erster Linie um Verantwortung. Wer das nicht einsieht, sollte besser Tennis spielen.

Aus dieser Verantwortung heraus sollten sich alle Reiter auch mit den Grundlagen der Ausbildungsskala beschäftigen. Es geht nicht darum, dass jeder ein Pferd korrekt ausbilden kann – das wird nicht funktionieren. Talent, Können und „das richtige Händchen" sind rar gesät. Aber jeder ist in der Lage, sich über die Bedürfnisse seines Pferdes zu informieren, sie zu begreifen und auf diese Weise zu lernen, reiterliche Probleme besser einzuordnen sowie guten von schlechtem Unterricht/Beritt zu unterscheiden.

DR. BRITTA SCHÖFFMANN

Die Autorin Dr. Britta Schöffmann mit ihrer 7-jährigen Hannoveraner Stute La Picolina, die sie selbst bis S ausgebildet hat und erfolgreich auf Turnieren vorstellt.

DIE SKALA DER AUSBILDUNG – MEHR ALS EIN RELIKT

DIE URSPRÜNGE
DER AUSBILDUNGSSKALA

Versuch und Irrtum – nach diesem Motto gestaltete sich über Jahrhunderte die Ausbildung von Reitpferden. Ein Vorgehen, das meist zu Lasten der Vierbeiner ging. Die Behandlung, die Ausrüstung und die Methoden, die gewählt wurden, um Pferde zu beherrschen, waren oft abenteuerlich, ja barbarisch. Rückwärtsgaloppaden, die besser in Zirkusmanegen oder Wetten-Dass-Sendungen passen würden, Kandarenzäume, die Folterinstrumenten ähnlich waren, Sporen, mit denen man gleich bis ins Gedärm hätte stechen können – in der Reiterei war alles möglich und erlaubt. Dabei hatte sich schon 400 Jahre vor Christus ein schlauer Mann namens Xenophon, Sokrates-Schüler, Historiker, Heerführer und Philosoph, intensive Gedanken über den Umgang und die Arbeit mit Pferden gemacht und sie in seinem Werk „Peri Hippikes" niedergeschrieben, dem ersten systematischen Buch über die Reitkunst überhaupt. Das Besondere an den Erkenntnissen des alten Griechen: Er plädierte dafür, bei der Erziehung des Pferdes auf Lob und Vertrauensbildung zu setzen und das Pferd so zu arbeiten, dass sich durch Annehmen, Nachgeben und Unterschieben der Hinterhand die Vorhand hebt. Leider gerieten seine Thesen über lange, lange Zeit in Vergessenheit. Über Jahrhunderte der dunkelsten Verwirrungen gelangte die Reiterei schließlich über Männer wie Antoine de Pluvinel (1555–1620, These: „Das Pferd muß selber Freude an der Reiterei haben, sonst gelingt dem Reiter nichts in Anmut."), über den Herzog von Newcastle (1592–1676, „Erfinder" vieler heutiger Lektionen) und Francois Rubichon de la Guérinière (1688–1751, Begründer des modernen, tiefen Reitersitzes) erneut auf ein Niveau, das sich um (Reit)-Kunst bemühte. Von der ‚Skala der Ausbildung' war damals allerdings noch nicht die Rede. Lediglich einzelne Teile daraus wurden von den Lehrern der Reitkunst verfolgt, wenn auch noch nicht so wissenschaftlich erklärt wie heute. Mit der Französischen Revolution, die die anspruchsvolle ‚Schulreiterei' für dekadent und überflüssig hielt, verwahrloste die eben entstandene Reitkultur wieder.

Egal ob Barockpferd oder Sportpferd – nach der Skala der Ausbildung sollten sie alle geritten werden. Auf dem Foto der bekannte klassische Ausbilder Philippe Karl

Erst im 19. Jahrhundert gelang es über die Dominanz der Kavallerie-schulen Saumur und später Hannover, die Reiterei erneut zu verfeinern. Dabei gab es zwei unterschiedliche Hauptrichtungen: die von Baucher, der intensive Versammlung sowie Biegen des Pferdehalses im Stehen lehrte, und die von D'Aure, der für das Vorwärtsreiten am langen, tiefen Hals plädierte. General Alexis L'Hotte, ein Schüler der beiden, verband aus den konträren Lehren alles Nützliche und forderte eine Rcitausbildung nach dem Prinzip ‚gelassen-vorwärts-gerade‘.

Gelassen-vorwärts-gerade – das klingt schon sehr modern, und viel hat sich seither eigentlich auch nicht mehr verändert. Gustav Steinbrecht (1808–1885), einer der ganz Großen der deutschen Reitkunst, verfasste aus all diesen Erkenntnissen und eigenen Erfahrungen sein berühmtes Werk „Gymnasium des Pferdes", auf dem noch heute die Reitausbildung basiert.

Mit der Aufnahme der Reitpferdeausbildung in die Kavallerieschulen und Regimenter war, bei aller Reitkunst, natürlich die effektive Kriegsreiterei Hauptziel der Arbeit mit dem Pferd. Ein Kavalleriepferd musste ‚funktionieren‘, bei Paraden in Friedenszeiten, ebenso wie in der Schlacht. Ein Pferd, das nicht auf kleinste Hilfen reagierte, hätte seinen Reiter schnell in den Tod getragen. Ohne entsprechende Ausbildung, ohne Gymnastizierung ging es nicht.

Und da der Deutsche ja bekanntlich sehr gründlich ist, wundert es eigentlich auch kaum, dass es ausgerechnet Deutsche waren, die die überall in Europa gemachten Erkenntnisse über die Ausbildung von Pferd und Reiter zusammentrugen, analysierten, systematisierten und niederschrieben: in der HDv12, der ‚Heeresdienstvorschrift‘, die seit 1912 bindend für die Kavallerie war und die Grundlage der heutigen ‚FN-Richtlinien für Reiten und Fahren‘ mit ihrer Skala der Ausbildung bildet.

1954 wurden diese Richtlinien erstmals überarbeitet und bezüglich der Ausbildungsskala der Takt – bis dato an zweiter Stelle hinter der Losgelassenheit – als absolute Grundlage an den Beginn der Ausbildungsskala gestellt.

Wahres Gesicht

„Wie schade, daß man nicht von vornherein seine (Xenophons, Anmerk. d. Autorin) Vorschriften befolgt hat; die Reitkunst würde sofort ihr wahres Gesicht gezeigt haben, anstatt für lange Jahrhunderte zwischen Empirismus und Barbarismus hin- und herzuschwanken."

JAMES LÉON FILLIS,
Künstler, Pferde-Ausbilder
(1834-1913)

DIE SKALA DER AUSBILDUNG WURDE GEFUNDEN, NICHT ERFUNDEN

Takt, Losgelassenheit, Anlehnung, Schwung, Geraderichtung, Versammlung – das sind die Säulen, die Grundmauern der Pferdeausbildung. Zwar steht es so in den FN-Richtlinien, wird es Ausbilder, Richter und Reiter national und international gelehrt, doch trotzdem ist es erstaunlich, wie viele – vor allem Reiter – mit dem Begriff ‚Ausbildungsskala' eigentlich nichts oder nur wenig anfangen können. Es herrschen zum einen vage Vorstellungen über die Inhalte der Skala, zum anderen auch über ihren Sinn und ihre Aktualität. Dabei ist die Ausbildungsskala alles andere als ‚Schnee von gestern' oder ein ‚alter Hut', auch wenn ihre Ursprünge in der Geschichte der Reiterei – zumindest im Ansatz – weit zurückzuverfolgen sind. Die Ausbildungsskala mit ihren einzelnen Komponenten ist noch heute für jedes Pferd maßgebend und wird es auch weiterhin sein. Warum? Ganz einfach, weil Pferde sich nicht verändert haben und nicht verändern werden. O. K. – früher waren sie vielleicht im Durchschnitt kleiner, schwerer und weniger elegant, in 200 oder 300 Jahren werden sie vielleicht noch gezielter als heute ganz genau und perfekt für einzelne Disziplinen gezüchtet, schlimmstenfalls sogar geklont werden (was hoffentlich niemals geschehen wird), aber trotzdem waren und bleiben sie durch alle Jahrhunderte hindurch Pferde. Mit einem Pferde-Skelett, einer Pferde-Muskulatur und einem Pferde-Wesen. Die Skala der Ausbildung wurde ja nicht irgendwann ‚erfunden', sie wurde vielmehr nach und nach ‚gefunden'. Existiert hat sie in ihren einzelnen Bestandteilen immer – vorgegeben eben durch die Natur des Pferdes.

Und da die Skala nichts anderes ist als ein inzwischen auch wissenschaftlich erklärbares, gut durchdachtes und fundiertes Trainingssystem zur Stärkung von Bewegungsapparat und Psyche des Pferdes, sollte sie jeder Reiter akzeptieren, überdenken und – wenn möglich – anwenden. Viele Verschleißerscheinungen, Krankheiten oder psychische Überforderungen von Pferden ließen sich auf diese Weise vermeiden. Wer trotz allem glaubt, auf die Prinzipien der Aus-

Praktizierter Tierschutz

„Wer richtig reitet praktiziert Tierschutz. Die Skala der Ausbildung, ein der Natur entnommenes System, wird diesem Anspruch gerecht. Alle Arten der guten Reiterei finden sich in diesem System wieder."

HANNES MÜLLER,
Leiter der Deutschen
Reitschule in Warendorf

Für alle Momente des Reitens gilt die Skala der Ausbildung als roter Faden der Arbeit.

bildungsskala – aus welchen Gründen auch immer – verzichten zu können, outet sich nicht nur als Ignorant, sondern – sorry – als Dummkopf.

INTERIEUR UND EXTERIEUR

Vorbilder gefragt

„Die Reiterei ist zu schwer, als dass man nur mal eben rein-schnuppern kann. Reiten braucht ein großes Studium und gute Vorbilder."

EGON VON NEINDORFF,
Begründer des gleichnamigen Reitinstituts zur Förderung der klassischen Reitkunst

T, L, A, S, G, V – sechs Komponenten, die also für die Ausbildung jedes Pferdes gelten, da sie zum Hauptziel, zur absoluten Durchlässigkeit, führen sollen. Das Erreichen der einzelnen Punkte ist ohne Durchlässigkeit oder besser Rittigkeit allerdings schwierig. Das Ziel ist also auch gleichzeitig der Weg? Gewissermaßen ja. Rittig sollte ein Pferd schon in jungen Jahren sein, das erleichtert den reiterlichen Alltag. Jedoch ist die Ausbildung nicht nur abhängig vom Geschick und Können des Reiters, sondern auch von den psychischen und körperlichen Voraussetzungen des Pferdes, von seinem Interieur und Exterieur also. So wie Kinder in ihren seelischen und körperlichen Anlagen und Entwicklungen unterschiedlich sind und entsprechend individuell gefördert werden sollten, so unterscheiden sich auch Pferde. Auch unter ihnen gibt es Ruhige und Hektische, Phlegmatische und Nervöse, Begriffsstutzige und Aufgeweckte, Schlichtere und Intelligentere, genauso wie Mitläufer und Führungspersönlichkeiten, Träumer und Ehrgeizlinge, Genießer und Asketen,

Schlacksige und Durchtrainierte, Bewegungschaoten und Bewegungskünstler.

Auch Pferde lassen sich nicht über einen Kamm scheren, ihre Ausbildung deshalb ebenfalls nicht. Als Reiter muss man erkennen, was für einen Typ Pferd man vor sich bzw. unterm Sattel hat und seine Reiterei danach ausrichten. Ein nervöses Pferd soll – der Skala folgend – natürlich ebenso zur Losgelassenheit kommen wie ein ruhiges und ausgeglichenes, es wird dafür aber länger brauchen und vermutlich auch häufiger wiederkehrende Probleme damit haben. Verstärkte Beschäftigung mit dem Thema Losgelassenheit ist bei solchen Pferden also nötig. Das Geschick des Reiters ist gefragt, er muss sein Pferd so arbeiten, dass es Skala-Punkt für Skala-Punkt die richtige zeitliche und inhaltliche ‚Dosis' erhält und dabei rittig bleibt oder rittiger wird. Nur so lässt sich vermeiden, dass ein Pferd überfordert wird. Allerdings ist ebenso eine Unterforderung möglich und auch schädlich. Auch wenn an dieser Stelle so mancher Intelligenzforscher entsetzt aufstöhnen und erneut das Vorhandensein tierischer Intelligenz in Abrede stellen wird, wage ich zu behaupten, dass es unter Pferden langsamer und schneller begreifende, dümmere und intelligentere gibt. Dabei ist ‚Dummheit' und ‚Intelligenz' bei Pferden wohl auch abhängig vom Wesen des Individuums. Ein an sich schon nervöses, ängstliches und wenig selbstbewusstes Pferd wird sich beim Erlernen neuer Dinge vermutlich häufig selbst im Weg stehen, während das ausgeglichene und selbstbewusste Pferd sogar Spaß am Lernen haben kann – vorausgesetzt, ihm werden die neuen Dinge (Lektionen, Aufgaben, Tricks, etc.) vernünftig beigebracht.

Intelligente und lernfreudige Pferde brauchen in der Ausbildung die Herausforderung des Neuen, sonst besteht die Gefahr, dass sie sich langweilen, die Freude an der Arbeit verlieren und sich Unarten angewöhnen. Unintelligente Pferde dagegen benötigen mehr Zeit, sich mit neuen Aufgaben auseinander setzen zu können, um nicht unnötig unter Stress zu geraten und dann aus Angst ihr Heil in der Flucht bzw. Widersetzlichkeit zu suchen.

Ohne Flüsterer

„Eine genaue Kenntnis des Pferdes, um beurteilen zu können, was ihm leicht und schwer wird, eine grosse Aufmerksamkeit auf die Quelle des mangelnden Erfolges, ein ruhiges Temperament des Reiters und ein wohlwollendes Herz, richtige Anwendung von Lohn und Strafe, Muth, der den Kampf nicht scheut, Vermeidung von Uebermuth, der ihn sucht, nebst Kenntnis und Anwendung der geeigneten Hülfen und Lectionen werden uns auch ohne die geheimnisvolle Kunst der Flüsterer die Mittel geben, uns Gehorsam zu verschaffen."

FR. VON KRANE,
Rittmeister und Eskadron-Chef., aus: „Die Dressur des Reitpferdes", Münster 1856

Das Gleiche gilt für die Unterschiede im Exterieur. Ein von Natur aus mit guter Oberlinie, schräger Schulter und optimal gewinkelter Hinterhand ausgestattetes Pferd wird sich zum Beispiel in den Bereichen ‚Schwung‘ und ‚Versammlung‘ nicht weiter schwer tun. Ein weniger korrekt gebauter Vierbeiner dagegen wird hier intensivere Gymnastizierungs- und Trainingsarbeit benötigen, um ein annähernd befriedigendes Ergebnis zu erzielen. Ist ein Pferd aber körperlich so ungünstig gebaut, dass es bestimmte Aufgaben nicht lösen kann, muss man als Reiter auch so fair sein, es dabei zu belassen. Zwar kann beispielsweise jedes Pferd bis zur Versammlung

Zwei Gesichter, zwei Charaktere: Während der Blick des Schimmels auf ruhiges und vertrauensvolles Interesse schließen lässt, wirkt der des Fuchses wesentlich skeptischer und zurückhaltender.

gefördert werden, doch wird diese bei einem Pferd mit langem Rücken, hoher Kruppe und steiler Hinterhand nie so ausdrucksvoll aussehen wie gewünscht. Solchen Pferden mit viel Druck gar Piaffe oder Passage beibringen zu wollen, wäre unfair. Das heißt natürlich nicht, dass man bei ungünstig gebauten Pferden gleich auf die ganze Ausbildung verzichten kann – im Gegenteil. Gerade solche Pferde sollten konsequent ‚richtig‘ geritten, sprich gymnastiziert werden, um so einen frühzeitigen Gelenkverschleiß zu vermeiden. Richtiges Reiten übernimmt hier – ebenso wie bei korrekt gebauten Pferden – eine Art physiotherapeutische Rolle.

DIE ELEMENTE DER AUSBILDUNGS-SKALA SIND ENG VERZAHNT

Der Takt stimmt, abhaken, vergessen. Weiter zur Losgelassenheit. Erreicht, abhaken, vergessen. Weiter zur Anlehnung. Gegeben, abhaken, vergessen ... Wenn Pferdeausbildung so einfach wäre, brauchte ja nur ein guter Reiter ein Pferd auszubilden, und jeder könnte es von nun an optimal und quasi ‚auf Knopfdruck' nachreiten. Allerdings wäre dies wohl auch ziemlich langweilig. Gerade die Ausbildung eines Pferdes und die nie endende Herausforderung des Beibehaltens oder Verbesserns seiner Anlagen macht die Reiterei so

Tipp für den Reiter

Flüstern Sie nicht nur mit Ihrem Pferd, hören Sie ihm auch zu und lernen Sie so sein Wesen kennen. Das erleichtert die Ausbildung.

Dynamik und Eleganz eines korrekt ausgebildeten Pferdes.

Es ist ein weiter Weg, bis ein Pferd körperlich und mental in der Lage ist, schwere Lektionen wie diese Galopp-Pirouette so zu absolvieren.

interessant. Das gilt auch für die Punkte der Ausbildungsskala. Sie sind nicht einzeln abzufragen und abzuhaken, da sie ineinander greifen, aufeinander aufbauen und miteinander verzahnt sind. Die Skala der Ausbildung kann man mit einem Baum vergleichen: Ohne Wurzeln kann er nicht überleben, ohne einen intakten Stamm oder gesundes Laub allerdings auch nicht. Wurzeln, Stamm, Äste und Blätter – alles ist miteinander verbunden, kann einzeln betrachtet werden, aber niemals losgelöst und isoliert von der Gesamtheit länger existieren.

Ähnlich ist es mit der Ausbildung eines Pferdes: ohne Takt keine Losgelassenheit, ohne Losgelassenheit kein Takt, keine korrekte Anlehnung, kein echter Schwung. Ohne Anlehnung auf Dauer kein sauberer Takt, keine Geraderichtung und ohne die keine gute Anlehnung und keine ausdrucksvolle Versammlung. Wird ein Pferd gearbeitet, egal, ob es jung oder bereits weit ausgebildet ist, muss sich der Reiter dieses Zusammenspiel der einzelnen Punkte immer wieder vor Augen führen. Es hat keinen Zweck, verbissen zum Beispiel an der Verbesserung der Versammlung zu arbeiten, wenn das Pferd kaum durchs Genick geht oder sich fast in die Brust beißt, also deutliche Anlehnungsmängel hat.

PFERDE BRAUCHEN ZEIT

Früher unterteilte man Pferde in junge Remonten (vierjährige Pferde) und alte Remonten (fünf- bis sechsjährige Pferde). Erst sieben- bis achtjährig galt ein Pferd als erwachsen, als gereift. Dementsprechend verlief die Ausbildung wesentlich langsamer, was angesichts der noch nicht so sehr auf eine spezielle Disziplin hin gezüchteten Pferde auch notwendig war. Heute sind die Pferde frühreifer, zumindest erscheinen sie so. Ein rein auf Dressur gezüchteter Dreijähriger kann schon mal so aussehen wie ein fertiges L-Pferd. Auch die Rittigkeit hat sich durch gezielte Zucht verbessert. Die Pferde bringen mehr ‚von Hause aus' mit. Das Problem bei der Sache: Viele Reiter vergessen dadurch, dass drei-, vierjährige und auch fünfjährige Pferde immer noch ‚Kleinkinder' sind, die sich im Wachstum und in ihrer körperlichen Entwicklung befinden, und verlangen zu früh zu viel von ihnen. Gerade die Pferde, die von Natur aus viel mitbringen, werden oft gnadenlos verheizt. Aus Unwissenheit, aus Ehrgeiz, aus Profitgier. Sinnvoller und pferdegerechter wäre es, die verbesserte Zucht positiv zu nutzen, das heißt, sich darüber zu freuen, dass ein talentiertes Pferd viel anbietet. Wenn der Reiter dies in die richtigen Bahnen führt und in Ruhe weiterentwickelt, hat er auf Dauer mehr von seinem Pferd, als wenn er alles annimmt und gleich auf die Spitze treibt. Es ist schön, wenn ein Vierjähriger schon das Anpiaffieren anbietet. Aber muss er darum gleich das prüfungsreife Piaffieren lernen? Sollte er nicht vielleicht erst einmal so muskulär gestärkt

Wünsche erfüllen

„Eine auf Brutalität allein basierte Reiterei gestattet nur mit manchem Thiere – und das auf die unangenehmste, ja auch lebensgefähliche Weise fortzukommen; dagegen die methodische Reitkunst jedes Pferd dazu bringt, nach Maßgabe seines Vermögens willig das Möglichste zu leisten, gleichsam blos des Reiters Wünsche erfüllend."

RUDOLF BRUDERMANN, k.k. Rittmeister, aus: „Abrichtung des Champagnepferdes im Freien", Wien 1843

Wissen statt schaden

„Ein erfahrener Reiter braucht für die Ausbildung eines talentierten Pferdes Jahre. Je besser der Reiter dabei ist, desto schneller und zufriedener lernt das Pferd. Ein unerfahrener Reiter, dem das Wissen fehlt, kommt dagegen nicht weit. Das Pferd wird vielmehr psychischen und physischen Schaden erleiden."

KARL-HEINZ GIEBMANNS,
Reitmeister, internationaler Springausbilder, ehemaliger Nationenpreisreiter

werden, dass er eine derartig hohe Versammlung ohne späteren Gesundheitsschaden übersteht? Das konsequente Vorgehen nach der Skala der Ausbildung ist für jedes Pferd die Chance, diese muskuläre Stärke zu erlangen, ohne dabei körperlich oder psychisch auf der Strecke zu bleiben. Nach einer ersten Phase der Gewöhnung wird zunächst die Schubkraft entwickelt bzw. verbessert, später dann die Tragkraft. Das heißt aber nicht, dass alle Pferde nach einem zeitlichen „Schema F" gearbeitet werden sollen. Denn so wie es unter Menschen frühreife Genies gibt, so gibt es auch Pferde, die sich schneller entwickeln als ihre Altersgenossen. Was dem einen Vierbeiner körperlich oder mental schwer fällt, schafft der andere vielleicht schon in jüngeren Jahren mit Leichtigkeit. Wo eine bestimmte Lektion bei dem Einen kraftraubendes Üben über Wochen erfordert, klappt sie beim Anderen vielleicht schon bei der zweiten Wiederholung. Das Wichtige ist, dass sich der Reiter über derartige Unterschiede im Klaren ist und sich individuell auf sein Pferd einstellt. Rücksichtnahme auf Alter und Ausbildungsstand eines Pferdes sollte in der täglichen Arbeit eine Selbstverständlichkeit sein. Gerade in vielen Ausbildungsställen ist aber oft das Gegenteil der Fall. Schnell muss es gehen, denn das Pferd soll ja doch möglichst Gewinn bringend an den Käufer gebracht oder in die (teuer machenden) Platzierungslisten geritten werden. Oder es hat Besitzer, die den Ausbilder unter Zeitdruck setzen. Motto: Was andere Fünfjährige können, muss meiner jetzt aber auch schnell lernen. Das Ergebnis sind dann häufig entweder Pferde, die zunächst zwar alles mitmachen, später aber meist immer extremer werdende Mängel in der Durchlässigkeit erkennen lassen und im schlimmsten Fall sogar gesundheitliche Probleme bekommen. Oder aber Pferde, die sich von Anfang an gegen die „Schnell-Schnell-Methode" wehren und dann von Ausbildern und Besitzern als stur, schwierig, untalentiert und unreitbar abgestoßen werden. In den meisten Fällen könnten auch solche Pferde durch eine sorgsame und geduldige Ausbildung zu angenehmen Reitpartnern, vielleicht sogar zu guten Turnierpferden werden. Sich Zeit lassen ist eines der Geheimnisse des Reitens.

DIE SKALA IM SCHEMA

WANN SOLLTE EIN PFERD
WAS KÖNNEN?

Einen genauen Zeitplan vom Anreiten bis hin zur Beendigung der Grundausbildung oder gar bis zu höheren sportlichen Weihen aufzustellen, ist unmöglich. Jedes Pferd ist anders, der eine entwickelt sich schneller und lernt zügiger, der andere langsamer. Hinzu kommen Unwägbarkeiten wie Krankheiten und Verletzungen, die den Ausbildungsplan durcheinander bringen können, und natürlich die unterschiedlichen Eigenheiten der einzelnen Disziplinen. Grundsätzlich kann man sich aber an den Anforderungen des FN-Aufgabenheftes orientieren, wobei vor allem die Dressurprüfungen für junge Pferde gute Anhaltspunkte bieten.

- ▶ **DREIJÄHRIG** Schritt, Trab, Galopp auf der Geraden und in großen Wendungen, Gangartenwechsel von einer Gangart in die nächst höhere/niedrigere, Anhalten, Stehen.
- ▶ **VIER-/FÜNFJÄHRIG** Wie oben, außerdem Tritte/Sprünge verlängern, aus dem Schritt angaloppieren, Rückwärtsrichten.
- ▶ **FÜNF-/SECHSJÄHRIG** Wie oben, außerdem Mitteltrab, Mittelgalopp, einfache Galoppwechsel, Außengalopp, Kurzkehrt, Versammlung in Trab und Galopp.
- ▶ **SECHS-/SIEBENJÄHRIG** Wie oben, außerdem Schulterherein, Trabtraversalen, fliegende Galoppwechsel, starker Schritt und Trab, Galopp-Halt-Übergänge.

ERST DIE BASIS,
DANN DAS VERGNÜGEN

Die Ausbildung eines Pferdes lässt sich grundsätzlich in zwei
Schwerpunktbereiche teilen: in Basisarbeit und Aufbauarbeit. Zu
ersterer gehören dabei die drei Grundlagen Takt, Losgelassenheit
und Anlehnung, quasi das Fundament des Reitens, immer vor dem
Hintergrund eines auf Durchlässigkeit gearbeiteten Pferdes. So wie
ein kunstvolles Haus, das auf fehlerhaftem Unterbau oder ganz ohne
Fundament errichtet wurde vermutlich irgendwann zusammen-
bricht, so stoßen auch die Entwicklung und die Ausbildung eines
Pferdes ohne passendes Fundament sehr schnell an ihre Grenzen.
Zwar fällt das Pferd nicht in sich zusammen, doch was eigentlich
Eleganz und Leichtigkeit ausstrahlende Reiterei werden sollte, dege-
neriert zu Kampf und Krampf. Reit-Bodybuilding statt Reitkunst.
Sätze wie „diesen Ausbilder kann man nicht nachreiten", „das Pferd
läuft nur auf Schlaufzügel" oder „nach dem Absteigen bin ich immer
fix und fertig" sollten Alarmzeichen dafür sein, dass – trotz aller
Türmchen und Fassadenverzierungen, um hier einmal im Bild zu
bleiben – an der Basis etwas nicht stimmt. Die ein-
zig richtige Folge: nicht weiterbauen, sondern das Fundament freilegen und
nachbessern oder erneuern.
Erst wenn dies erfolg-
reich durchgeführt
wurde, kann man sich
an den Bau und die Ver-
schönerung des Hauses
wagen, auf die Reiterei
übertragen hieße das,
an die Verbesserung des
Schwunges sowie die
Perfektionierung der
Geraderichtung und der
Versammlung.

Die einzelnen Kompo-
nenten der Skala bauen
aufeinander auf und sind
voneinander abhängig;
wird eine weggelassen
oder vernachlässigt,
bricht das Gebäude wie
ein Kartenhaus in sich
zusammen.

THEMA TAKT – WICHTIG, ABER WARUM?

Der Takt ist beim Pferd schon da

„Der Takt beim Pferd braucht nicht hergestellt zu werden, der ist schon da. Nur der Reiter bringt ihn manchmal durcheinander, durch zu viel Ziehen und zu viel Festhalten."

ALBERT STECKEN,
ehemaliger Vorsitzender des DOKR-Dressurausschusses

Wer ein Pferd auf der Wiese beobachtet, wird sehen, dass es sich, vorausgesetzt es leidet nicht an einer orthopädischen Erkrankung, vor allem im Schritt, in der Gangart also, in der es unter dem Reiter am ehesten zu Taktproblemen kommen kann, taktsicher bewegt. Im Schritt wandert es nämlich, das Maul zum Fressen am Boden, gemächlich Stück für Stück vorwärts, immer auf der Suche nach frischem Grün. Dabei wölbt sich sein Rücken automatisch aufwärts, der Hals dehnt sich, ebenfalls leicht gewölbt, vom Widerrist aus Richtung Boden – eine anatomisch günstige Haltung, die Taktstörungen größtenteils verhindert.

Nimmt aber, vor allem beim jungen, ungerittenen oder beim falsch gerittenen Pferd, ein Reiter auf dem Pferderücken Platz, macht das Pferd zunächst meist einen Katzenbuckel, um dann die Wirbelsäule aus mangelnder Kraft durchhängen zu lassen. Die Folge: das Pferd empfindet das Reitergewicht als unangenehm oder zumindest ungewohnt und spannt seine Muskulatur an, um das fremde Gewicht besser tragen und so wieder ins (vorübergehend verloren gegangene) Gleichgewicht kommen zu können. Genau in dieser Phase kann es dann auch zu Taktstörungen kommen, die im jungen Alter meist nur vorübergehend sind – zumindest dann, wenn der Reiter versucht, dem Pferd bei der Aufwölbung und damit Kräftigung des Rückens zu helfen. Die „Wiesenhaltung" – vorwärts-abwärts gedehnter Hals und aufgewölbter Rücken – sollte der Reiter immer vor seinem inneren Auge haben und versuchen, sie zu erarbeiten und jederzeit in jeder Gangart abfragen zu können, egal ob beim jungen oder beim ausgebildeten älteren Pferd. Geschieht das nicht ganz konsequent, können sich aus vorübergehenden Taktstörungen schnell langfristige Taktprobleme entwickeln. Das Fatale daran: Es gibt für Taktunreinheiten in einer Dressurprüfung nicht nur Punktabzug, sie verhindern auf lange Sicht gesehen auch ein effizientes, leichtes und Pferde schonendes Reiten. Taktstörungen im Galopp zum Beispiel lassen eine runde Bergaufbewegung gar nicht erst zu.

Das Pferd fängt an zu kompensieren – auf Kosten der Ungezwungenheit seiner Bewegungen. Festhalten im Rücken, Verkrampfung
der Muskulatur, Widersetzlichkeiten, Vertrauensverlust und schließlich Verschlimmerung der Taktstörungen können den Ausbildungs-
erfolg infrage stellen. Taktstörungen sollte man als Reiter also nie
ignorieren, sondern sie immer als Alarmzeichen verstehen und als
Hinweis, die bisherige Arbeit zu überdenken, zu hinterfragen und
gegebenenfalls umzustellen.

In Vorwärts-Abwärts-Dehnungs-
haltung bewegen sich Pferde
beim Grasen anatomisch güns-
tig und somit taktsicher.

4 – 2 – 3 – SCHRITT, TRAB, GALOPP

Bei der Reitabzeichenprüfung meist von allen Prüflingen aus dem Eff-Eff aufgesagt: Der Schritt ist ein Viertakt in acht Phasen, der Trab ein Zweitakt in vier Phasen und der Galopp ein Dreitakt in sechs Phasen. Schön. Doch was sagt uns das für die tägliche Praxis? Es sagt uns auf jeden Fall, dass es im Schritt doppelt so viel Zeit für mögliche Fehler gibt wie im Trab. Und dass unter anderem auch aus diesem Grund der Trab auch die Gangart ist, die man als Reiter noch am ehesten verbessern kann.

Der Schritt

Nicht umsonst heißt es, der Schritt sei die schwierigste Gangart. Denn zum einen können sich in seine acht Bewegungsphasen viele Probleme einschleichen, zum anderen ist er oft ein Stiefkind in der Ausbildung. Im Eifer der Arbeit und des Übens von Lektionen wird ruhiges, überlegtes und korrektes Schrittreiten vielfach vergessen. Wer nur nach dem Aufsitzen und dann am Schluss zum Trockenreiten die Gangart Schritt verlangt, darf sich nicht wundern, wenn sein Pferd später in der Anspannung einer Dressuraufgabe Probleme damit hat, losgelassen Schritt zu gehen. Kurze Schrittpausen sollten deshalb ebenso zum täglichen Training gehören wie ausgedehnte

Fußfolge im Schritt

Ausritte im Schritt am langen Zügel. Dabei will Schrittreiten gelernt sein und verlangt viel Disziplin und Gefühl. Der Schritt soll taktrein sein, also im klaren Viertakt, darüber hinaus mit raumgreifenden, langen Bewegungen aus der Schulter heraus fleißig nach vorne entwickelt werden, wobei die Hinterhufe deutlich über die Abdrücke der Vorderhufe spuren sollen. Schwung gibt es im Schritt nicht, da sich immer mindestens ein Huf am Boden befindet. Es fehlt also die Schwebephase – Voraussetzung für die Schwungentwicklung. Auch dieser Umstand macht das Schrittreiten so schwierig, denn „Schwung holen" als eine Gegenmaßnahme bei Taktstörungen, so wie in den anderen Gangarten möglich, kann man im Schritt nicht.

Der Trab

Anders im Trab. In dieser Gangart bewegen sich immer zwei diagonale Beinpaare des Pferdes synchron, das heißt, sie fußen gleichzeitig ab, sind gleichzeitig in der Luft und setzen gleichzeitig wieder auf. Während des Wechsels von einem Beinpaar zum anderen gibt es außerdem einen Moment der freien Schwebe, den Augenblick, in dem kein Fuß den Boden berührt. Im Optimalfall erinnert die Bewegung eines Pferdes im Trab an das Tick-Tack eines Metronoms. Tritt für Tritt ist gleich und ermöglicht auch ein gleichmäßiges An- und Abspannen der gesamten Muskulatur. Taktstörungen, das

Grundlage

„Der saubere Takt ist die Grundlage nicht nur für die Grundgangarten, sondern auch für das Gelingen, die Ausführung und den Ausdruck aller Lektionen."

ISABELL WERTH,
mehrfache Dressur-
Weltmeisterin
und Olympiasiegerin

Fußfolge im Trab

können ungleiche Trittlängen sowohl der Vorder- als auch der Hinterbeine sein ebenso wie kleine Stolperer oder Verschiebungen hin zum Vier- oder Dreitakt, verhindern dieses gleichmäßige An- und Abspannen. Die Bewegung geht nicht mehr fließend durch den ganzen Pferdekörper hindurch, sondern wird abgebremst, was zu Muskelverspannungen führt und die Taktstörung verstärkt.

Der Galopp

Besonders anfällig ist hier auch der Galopp. Dessen Sprünge sollen rund und bergauf sein sowie über möglichst viel Boden führen. Dabei ist „rund" beinahe wörtlich zu verstehen. Würde man an den vier Hufen des Pferdes Leuchtpunkte anbringen, könnte man im

Fußfolge im Galopp

Je besser und getragener der Galopp, desto runder die Gesamtbewegung.

Dunkeln sehen, dass bei einer guten Galoppade die Bewegung der Pferdebeine tatsächlich eine Art Kreis beschreibt (Abbildung). Je versammelter, gesetzter und von Natur aus qualitätsvoller der Galopp, desto runder der Kreis. Bei jüngeren oder unkorrekt ausgebildeten Pferden, die ihr Gewicht nicht so optimal auf der Hinterhand tragen, ist der Kreisbogen eher elipsenförmig. Die Kreisbögen kommen jedoch nur zustande, wenn sich der Pferderücken aufwölbt. Hängt er durch (beim ‚auseinander gefallenen' Pferd) oder drückt das Pferd den Rücken weg (beim eng gezogenen Pferd), beginnt es auch hier, die nicht optimale Bewegung zu kompensieren. Der Galoppsprung erscheint eckig, es kommt zu Taktverschiebungen. Statt Dreitakt entsteht entweder ein Viertakt- oder ein Zweitaktgalopp, wobei ersterer den häufigeren Fehler darstellt. Sämtliche Taktfehler, egal welche Ursachen sie haben, führen zu Muskelverspannungen und verstärken sich damit selbst. Ein Kreislauf, der gar nicht erst entstehen oder zumindest schnellstens unterbrochen werden sollte.

TAKTSTÖRUNGEN
FÜHLEN UND ERKENNEN

Für ungeübte Reiter ist es nicht immer ganz einfach, Taktstörungen zu erkennen – weder vom Sattel, noch vom Boden aus. Selbst viele erfahrene Reiter merken nicht immer sofort, wenn etwas mit dem Takt nicht stimmt. Dabei können die Störungen vielfältiger Natur sein. Sie reichen vom leichten ‚Ticken‘ über Taktverschiebungen bis hin zu echtem Lahmen. Und auch die Bezeichnungen der Probleme sind je nach Gangart unterschiedlich.

Taktstörungen im Schritt

Hier gibt es zum einen die passartigen Taktstörungen, die sich aus einer Verschiebung des Viertaktes hin zum Zweitakt ergeben. Im Sattel spürt man in solchen Momenten meist eine geringere Muskelarbeit im Pferderücken, die Bewegung wird außerdem ein wenig schaukelnder. Pferde, die reinen Pass gehen, bekommen einen regelrecht kamelartigen Gang. Vom Boden aus lässt sich passartiger Schritt ziemlich sicher erkennen, wenn man eine Hand so vor seine Augen hält, dass man nur noch die Beine des vorübergehenden Pferdes sieht. Bei korrektem Schritt bewegen sie sich gleichseitig, aber nicht gleichzeitig, das heißt, dass sich das eine Vorderbein erst vom Boden löst, wenn das Hinterbein der gleichen Seite etwa am selben Punkt schon fast ‚gelandet‘ ist. Dabei sieht man für einen ganz kurzen Moment ein Dreieck, gebildet eben aus Vorder- und Hinterbein. Ist der Takt gestört, löst sich die Spitze dieses Dreiecks mehr und mehr auf, bis sie schließlich, beim ‚echten‘ Pass, nicht mehr vorhanden ist. Stattdessen bewegen sich Vorder- und Hinterbein parallel vor und zurück. Auf hartem Boden ist dies sogar zu hören: aus dem klaren und gleichmäßigen Klack-Klack Klack-Klack des Schrittes wird ein Klack Klack.

Neben solchen passartigen Problemen gibt es im Schritt noch eine weitere, für den Reiter vom Sattel aus meist schwerer zu bemerkende Störung, das ‚Kurz-Lang‘. Hierbei schreiten die Vorder- oder die Hinterbeine nicht gleichmäßig weit aus. Ein Kurz-Lang der Hinter-

Gut zu erkennen: Der Braune im oberen Foto geht passartig, das „Dreieck" hat sich aufgelöst, der Wallach unten zeigt einen sauberen Schritt – und ein klares Dreieck.

beine ist sogar noch schwerer zu erfühlen, als ein Kurz-Lang der Vorderbeine, das manchmal auch vom Sattel aus durch eine unterschiedliche Bewegung der Pferdeschulter erkennbar ist.

Als Taktstörung gilt außerdem das Anzackeln des Pferdes im Schritt, das heißt, die Verkürzung und Beschleunigung des Schrittes hin zu kurzen (zweitaktigen) Tritten. Zackeln ist von allen Taktstörungen im Schritt am leichtesten zu fühlen und auch zu sehen, da das Pferd im Moment des Zackelns schon beinahe trabt. Ein Anzackeln im Schritt ist im Allgemeinen Zeichen von Nervosität und Gespanntheit des Pferdes, geschieht aber auch oft aus Übereifer heraus, beispielsweise, wenn man mehrere Male an der selben Stelle aus dem Schritt angaloppiert und das Pferd die Hilfen des Reiters nicht mehr abwarten möchte.

Taktstörungen im Trab

Zu den Taktstörungen im Trab gehört zum einen das ‚Ticken‘, also das geringfügige Kurz-Lang der Vorder- oder Hinterbeine. Erfahrene Reiter fühlen schon gleich bei den ersten Trabrunden, ob ihr Pferd ‚tickt‘, oder ob es gleichmäßig geht. Für weniger erfahrene Reiter ist dies meist wesentlich schwieriger, da sie selbst noch nicht so hundertprozentig ausbalanciert auf dem Pferderücken sind und deshalb nicht gleich jede kleine Unregelmäßigkeit im Gangmaß ihres Pferdes spüren. Einfacher ist dies bei Taktfehlern in den Trabverstärkungen. Hier kommt das Pferd nämlich im wahrsten Sinne des Wortes ‚aus dem Tritt‘, was meist einen deutlichen Rumpler zur Folge hat, den auch der Reiter oben im Sattel gut bemerkt. Gerade in den Trabverstärkungen muss der Bewegungsimpuls des Pferdes vermehrt aus der Hinterhand kommen. Geschieht dies nicht und arbeitet das Pferd mehr über die Vorhand, sind Taktfehler recht häufig. Taktverschiebungen, wie es sie im Schritt und im Galopp gibt, sind im Trab eher selten – aber durchaus möglich und wenn, dann Richtung passartigem Zweitakt. Vom Sattel aus fühlt sich diese fehlerhafte Bewegung oft sogar nicht einmal unbequem an, da die normalerweise federnden Tritte des Pferdes rollend werden und der Reiter weniger

REITPROBLEM

„Bei Taktstörungen muss man auf der einen Seite die Rückenproblematik im weitesten Sinne betrachten, das heißt Verspannungen, Kissing Spines oder Muskelentzündungen, darüber hinaus auf der anderen Seite natürlich die Gliedmaßenprobleme. Was für den medizinischen Laien vielleicht noch als kleine Taktunreinheit gilt, würde man unter medizinischem Aspekt unter Umständen schon als Lahmheit bezeichnen. Letztlich bringt hier nur eine tiermedizinische Untersuchung Klarheit. Spätestens, wenn sich eine Taktstörung über einen längeren Zeitraum hinweg manifestiert hat, sollte man das Pferd untersuchen lassen. In der Praxis lässt sich aber feststellen, dass heutzutage 60 bis 70 Prozent aller Pferde, die wegen einer Rückenproblematik vorgestellt werden, unter rein reiterlichen Problemen leiden."

DR. GERD HEUSCHMANN, Tierarzt und Pferdewirt Schwerpunkt Reiten

ausbalancieren muss. Von unten sieht es dagegen meist so aus, als ob sich das Pferd nicht für eine eindeutige Gangart entscheiden könne und sein Heil in einer Art (verlangsamtem) Rennpass sucht – beim Dressurreiten absolut unerwünscht.

Taktstörungen im Galopp

In dieser Gangart ist die häufigste Taktstörung die Auflösung vom Dreitakt hin zum Viertakt. Das Pferd ‚traloppiert'. Statt des typischen ‚Ra-Ta-Tamm' des klaren und sauberen Galoppsprunges, kommt es zu einem ‚Ra-Ta-Ta-Tamm', also zu einer Art kurzer Zwischenphase. Wer einmal auf einem taktsicher und gesetzt galoppierenden Pferd gesessen hat, wird den Unterschied zwischen Drei- und Viertakt im Galopp sofort bemerken: Im Dreitakt sitzt es sich bequem und entspannt, fast wie auf einem Sofa, beim Vierschlaggalopp dagegen ist das Sitzgefühl ziemlich holprig. Auch von unten vermittelt der Vierschlaggalopp ein eher ‚unrundes' Gesamtbild.

Ähnlich gestört ist dieser Kreis, wenn das Pferd mit den Hinterbeinen nicht nacheinander weit vorgreifend, sondern beinahe gleichzeitig aufsetzt, also mehr hüpft als galoppiert. Recht häufig ist dieses Phänomen bei schlecht gerittenen Galopp-Pirouetten zu sehen, manchmal aber auch schon im normalen Arbeits- oder versammelten Galopp auf gerader Linie.

Wird ein Pferd im Galopp sehr flach und vorhandlastig, kann es schnell zu Taktstörungen kommen.

URSACHEN FÜR TAKTFEHLER

Woher aber kommen solche Taktfehler? Sind sie angeboren? Oder sind sie angeritten? Die Antwort: manchmal angeboren, häufiger angeritten und hin und wieder beides zusammen. Die reiterliche Ursachenforschung muss auf jeden Fall beginnen, sobald die erste Taktstörung auftritt. Wer hier schludert, wird früher oder später bestraft, denn auch Pferde sind Gewohnheitstiere. Hat sich ein Taktpoblem erst einmal manifestiert, bedarf es viel, viel Zeit und Arbeit, die betroffene Grundgangart wieder in den Griff zu bekommen. Das gilt vor allem wieder für den Schritt. Ein taktgefährdeter Schritt kann angeboren sein, besonders bei Pferden, die über einen übergroßen, also enorm raumgreifenden aber etwas matten, sprich fleißarmen Schritt verfügen. Solche Pferde neigen – selbst ohne Reiter – sehr schnell dazu, Probleme mit dem klaren Viertakt zu haben. Wenn sich dann noch unter dem Gewicht eines Reiters der Pferderücken ein wenig verspannt, ist der Schritt sofort kaputt.

Überhaupt ist es der Pferderücken, der in allen Grundgangarten ganz bedeutenden Anteil an dem Problem Taktstörung hat. Man kann sich den gesamten Bewegungsapparat, also Knochen, Gelenke, Sehnen und Muskulatur, wie ein Uhrwerk vorstellen, bei dem alle Zahnrädchen in einer bestimmten Reihenfolge ineinander greifen. Fehlt auch nur bei einem Rad eine Zacke, gerät das komplizierte und genau aufeinander abgestimmte Miteinander aus dem Tritt. Die Uhr kommt aus dem Takt, geht vor oder nach und muss zur Reparatur. Ähnlich ist es mit dem taktmäßigen Ablauf der einzelnen Grundgangarten. Allein schon eine leichte Verspannung der Rückenmuskulatur wirkt wie ein abgebrochenes oder verbogenes Zahnrad und stört das Gleichmaß der Bewegung. Zu derartigen Verspannungen kann es durch Nervosität kommen, durch körperliches Umwohlsein, verursacht zum Beispiel durch versteckte Erkrankungen, aber auch durch fehlerhafte reiterliche Einwirkung. Letzteres können sein: unbalanciertes Sitzen auf dem Pferd, zu harte Handeinwirkung, zu hohes oder zu enges Einstellen des Halses, zu wenig Herantreiben

Opfer Pferd

„Kaum fühlten wir uns sicher im Sattel, so gingen wir, von dem eigenen Talent und hinlänglicher Befähigung bestens überzeugt, wohlgemuth zum Dressieren über und betraten keck den Weg der Empirie; einen langen Weg, der mit verlorener Mühe gepflastert war, mit verschwenderischen Kräften beschüttet und mit weggeworfenem Gelde besäet, gewöhnlich nicht eher verlassen wurde, bis das Erstlingsopfer stetig geritten, jeden Tritt hartnäckigst verweigerte, oder körperlich unfähig geworden war, ihn fortzusetzen."

RITTMEISTER FR. V. KRANE, aus: „Die Dressur des Reitpferdes", Münster 1856

Sehr schön zu sehen: der Einfluss des Rückens auf den Takt. Im oberen Foto drückt das Pferd den Rücken weg und geht Pass, rechts wölbt es den Rücken auf und zeigt einen taktsauberen Schritt.

der Hinterhand, zu mattes, vorhandlastiges Reiten, zu häufiger Einsatz von ‚Hilfsmitteln‘ wie Schlaufzügeln oder Aufsatzzügeln sowie ungeduldige oder gar brutale Einwirkung.

Auch eine andere Taktstörung, die ‚Zügellahmheit‘ kommt letztlich nicht allein durch falsche Zügelführung zustande, sondern durch mangelndes Zusammenspiel zwischen Treiben und Parieren, was wiederum die Rückentätigkeit des Pferdes negativ beeinträchtigt. Legt sich das Pferd dann auch noch zu allem Übel auf die Hand, stützt sich also auf dem Zügel ab, entsteht – besonders im Trab – ein ungleicher Bewegungsablauf, das Pferd scheint zu lahmen. Bei korrekter Arbeit unter einem guten Reiter verschwinden derartige Störungen meist wieder.

WAS TUN, WENN
DER TAKT NICHT STIMMT?

Grundsätzlich gilt bei den meisten Taktstörungen: vorwärts reiten.
Allerdings gibt es auch im Reitsport keine Regel ohne Ausnahmen –
und die sind in diesem Fall die Taktfehler im Mitteltrab und die
durch Nervosität verursachte Taktverschiebung im Schritt. Eine
Tempoerhöhung würde hier das Problem noch verstärken.
Neigt ein Pferd im Mitteltrab zu Taktfehlern, sei es wegen körper-
licher Begrenzung oder wegen eines (vorübergehenden oder chronischen) Defizits in der Ausbildung, muss es für den Reiter heißen:
Weniger ist meist mehr. Es ist besser – auch später in einer Dressurprüfung – eine Trabverstärkung den Möglichkeiten seines Pferdes
anzupassen, als zu viel herauskitzeln zu wollen und damit Taktfehler
zu provozieren. Die Qualität einer Trabverstärkung hängt dabei
natürlich auch vom Bewegungspotenzial eines Pferdes ab. Tritt sich
ein Pferd schon von Natur aus ‚die Ohren‘ ab, ist es meist leichter,
eine störungsfreie Verstärkung zu reiten, als auf einem Pferd mit
einem begrenzten Tippeltrab. Doch Vorsicht: Unkorrektes Reiten
kann auch aus einem Bewegungskünstler früher oder später eine
Mickey Maus machen, und Vollgas in der Trabverstärkung ist – egal
wie talentiert sich ein Pferd bewegt – immer der falsche Weg.
Bei Taktverschiebungen im Schritt hilft es, vorausgesetzt sie sind
durch Nervosität verursacht, das Tempo ein wenig zu drosseln, hin
und wieder anzuhalten und dem Pferd so beizubringen, sich auf
seinen Reiter zu konzentrieren und bei ihm zu bleiben, anstatt unter
ihm davonzustürmen. Ganz wichtig ist es hier, dass man als Reiter
zum Treiben kommt. Das Wegstrecken der Unterschenkel, mit dem
manche das Problem zu lösen versuchen, verschlimmert es meist
noch. Spätestens wenn der Schenkel wieder angelegt wird, sei es bei
einer Parade oder beim Antraben oder Angaloppieren, reagiert
das Pferd mit Zackeln und Unruhe. Kleiner Tipp: Bewegen Sie beim
Schrittreiten Ihre Unterschenkel wie ein hölzerner Hampelmann
immer mal wieder abwechselnd weit vor und zurück. Sie gewöhnen
damit Ihr Pferd an die Bewegung Ihrer Beine und erziehen es, künf-

tig auf eindeutige Hilfen zu warten. Ebenfalls ganz wichtig: Aus dem Schritt nicht immer wieder an der selben Stelle antraben oder angaloppieren. Vor allem sensible Pferde neigen nämlich dazu, in Erwartung des Kommenden aus Übereifer anzuzackeln.

Zurück zum Vorwärtsreiten. Damit kann man den übrigen Taktstörungen im Allgemeinen entgegnen. Ein durch mangelnden Fleiß begünstigter passartiger Schritt, ein Ticken im Trab oder ein Vierschlaggalopp, all das kann auf diese Weise abgestellt werden – zumindest auf die Schnelle. ‚Vorwärts' ist quasi die ‚Erste-Hilfe-Reaktion' auf Taktfehler. Ohne begleitende Maßnahmen, Diagnosen und Therapien reicht aber auch die beste Erste Hilfe nicht aus.

Für die Arbeit im Sattel bedeutet das: Das Pferd muss beim Vorwärtsreiten an den Hilfen stehen (begleitende Maßnahme), der Reiter muss nach der Ursache der Taktstörung suchen (Diagnose) und er muss sich überlegen, mit welchen Mitteln er das Problem auf Dauer beheben kann (Therapie).

Die Verbesserung des Taktes kann deshalb nie losgelöst von den beiden weiteren Fundament-Teilen Losgelassenheit und Anlehnung gesehen werden, sind sie es doch, die begleitende Maßnahme und Therapie erst möglich machen.

LEKTIONEN / ÜBUNGEN ZUR TAKTVERBESSERUNG

- **IM SCHRITT** Fleiß erhalten, auf gebogenen Linien (Volten, Zirkel, Schlangenlinien) reiten, übertreten lassen (Schenkelweichen, Schulter herein, Traversalen).
- **IM TRAB** Fleißig statt eilig reiten, mit vielen Übergängen Hinterhand herantreiben, viele Bögen reiten.
- **IM GALOPP** Zulegen-Einfangen, Galopp-Schritt (bei fortgeschrittener Ausbildung auch Galopp-Halt), Volten, Zirkel verkleinern und vergrößern.
  Wichtig ist bei allen Übungen in den drei Grundgangarten, dass das Pferd durchs Genick geht und seinen Hals fallen lässt.

Durch Zulegen und Einfangen lässt sich der Galoppsprung – und damit der Takt – verbessern.

TAKT-TEST

Sie wollen wissen, ob Ihr Pferd in allen drei Grundgangarten sicher im Takt ist? Dann nehmen Sie es im Schritt und im Galopp ein wenig Richtung Versammlung zurück. Bleibt das Pferd dabei im Takt, ist es schon recht gut im Gleichgewicht, treten Taktstörungen auf, muss wieder vermehrt vorwärts geritten werden. Der Takt im Trab lässt sich am leichtesten übers Zulegen und wieder Aufnehmen austesten. Kommt es dabei zu kleinen oder großen Rumplern, ist das Pferd noch nicht in der erforderlichen Balance. Für Reiter, die nicht über ein total sicheres Bewegungsgefühl verfügen, ist es nicht einfach, Taktstörungen bereits im Ansatz zu bemerken. Hier ist es ganz wichtig, einen erfahrenen Ausbilder vom Boden aus beobachten und helfen zu lassen.

LOSGELASSENHEIT – GEIST UND KÖRPER IM EINKLANG

So wie der Takt zum korrekten Fundament der Reiterei gehört, so ist auch die Losgelassenheit eine ganz wichtige Ausbildungs-Komponente und hängt direkt mit dem Takt zusammen. Ohne Takt keine Losgelassenheit – und ohne Losgelassenheit kein sauberer Takt. Wie das? Ganz einfach. Wenn ein Pferd dauernd Taktprobleme hat, verkrampft es sich automatisch in der Muskulatur. Wer einmal ein Bein gebrochen hatte oder an einem Bänderriss litt, der weiß, dass nach wochenlanger Humpelei an Krücken und anschließendem ungleichen Belasten nicht nur die Beine schmerzen, sondern unter Umständen auch der Rücken, die Schultern und der Nacken. Und wer ganz empfindlich ist, leidet dadurch vielleicht sogar vorübergehend vermehrt an Kopfschmerzen. Das ‚Aus-dem-Takt-Kommen‘ kann sich also auf den gesamten Körper und die Befindlichkeit des Menschen negativ auswirken. Pferden ergeht es nicht anders.

Ebenso nachteilig kann sich körperliche oder seelische Anspannung wiederum auf den Takt auswirken. Wer angespannt ist, egal ob Mensch oder Pferd, wird sich nie so ungezwungen und harmonisch bewegen können wie jemand, der entspannt und ausgeglichen ist. Dauernde Anspannung kann außerdem zu körperlichem Unwohlsein und zu Schmerzen führen, was wiederum Störungen im Bewegungsablauf, sprich Taktfehler, zur Folge hat – eine Katze, die sich in den Schwanz beißt. Deshalb ist neben dem Takt die Losgelassenheit Grundvoraussetzung für die Arbeit mit einem Pferd.

Was aber ist Losgelassenheit und wie erkennt man sie? Der Definition der „Richtlinien für Reiten und Fahren" nach ist Losgelassenheit „die physische und psychische Gelöstheit" des Pferdes, also die äußere und innere Losgelassenheit. Sie zu erreichen muss eines der Hauptziele der Ausbildungsarbeit sein. In der täglichen Praxis scheint aber eher das Gegenteil Anliegen vieler Reiter zu sein. Schon junge Pferde werden häufig mit Druck, Gerteneinsatz und Schlaufzügeln angeritten, statt mit Geduld und reiterlichem Know-How. Und wenn – egal wie weit ausgebildet das Pferd ist – eine Lektion

Innere und äußere Losgelassenheit beim Pferd zu erreichen, ist
eine der wichtigsten Aufgaben
der Reiterei.

mal nicht klappt, gibt's von verärgerten Reitern oft Sporenstiche,
Schläge oder Zügelreißen, verbunden mit wütenden Sprüchen wie
„der blöde Esel läuft nicht". Dass unter solchen Voraussetzungen
beim Pferd anstelle psychischer Gelöstheit Verunsicherung, Angst
und Widersetzlichkeit entstehen, ist eigentlich nur logisch und auch
sehr ‚menschlich'. Oder glauben Sie, dass Sie selber besser und
schneller etwas begreifen, wenn Ihnen Ihr Lehrer für jeden Fehler
und für jedes Missverständnis eine Ohrfeige oder einen Tritt versetzt?

Psychische Verspannung hat immer auch körperliche Verspannung zur Folge, ein übermäßiges Anspannen der Muskulatur. Dem Fluchttier Pferd bietet diese Anspannung die Möglichkeit, bei Gefahr schneller zu reagieren, sprich davonzulaufen. Und genau das versuchen viele Pferde, die sich unter ihrem Reiter nicht vertrauensvoll loslassen – im Extremfall mit einem Davonstürmen, in leichteren Fällen mit eiligen Bewegungen im Vorwärts, verkrampfter Muskulatur, Hin- und Hergezappel beim Halten oder „Klemmigkeit", die oft mit Faulheit verwechselt wird.

Losgelassenheit unter dem Reiter erkennt man an taktreinen Bewegungen des Pferdes bei ruhig pendelndem Schweif, zufriedenem Ohrenspiel, leichter Maultätigkeit und entspanntem Vorwärtsdrang. Dabei ist es allerdings auch abhängig von Körperbau und Charakter eines Pferdes, ob es sich leichter oder schwerer loslässt. Pferde zum Beispiel mit extrem steiler Schulter, geradem Rücken oder steiler Hinterhand brauchen meist länger, um sich zu lösen, da sie ‚gegen' ihre Anatomie arbeiten müssen. Auch nervöse, hoch im Blut stehende Pferde oder solche, die Schwierigkeiten mit ihrem Selbstbewusstsein haben, verspannen sich meist schneller und länger als die Stoiker unter den Vierbeinern. Kein Pferd gleicht dem anderen. Als Reiter muss man solche typbedingten Unterschiede erkennen und ihnen in der täglichen Arbeit Rechnung tragen.

Mangelnde Losgelassenheit führt vor allem bei jungen Pferden schon mal zu heftigen Fluchtreaktionen.

DAS PFERD RICHTIG LÖSEN

Raus aus der Box, Sattel drauf, rauf aufs Pferd, eine runde Schritt –
und dann geht's los. So sieht leider bei vielen die ‚Aufwärmphase'
für ihr Pferd aus. Unwissenheit und Zeitdruck verführen so manchen Reiter zu einem solchen Verhalten, das mit ‚richtig Lösen'
nichts gemein hat.

Um Muskulatur, Sehnen und Gelenke des Pferdes vernünftig auf die
körperliche Arbeitsbelastung vorzubereiten, also durch vermehrte
Durchblutung die physiologische Grundlage zu schaffen, sollte etwa
zwanzig Minuten gelöst werden, zehn Minuten Schritt, dann zehn
Minuten lösendes Traben und Galoppieren im Wechsel. Während
der Lösephase ist es wichtig, auf geraden oder großen gebogenen
Linien zu reiten und enge Wendungen zu vermeiden, um das Ver-
letzungsrisiko gering zu halten. Regelmäßige Handwechsel und
Übergänge von einer Gangart in die andere erleichtern es dem
Pferd, sich zu entspannen. Einen genau auf die Minute ausgearbeite-
ten Lösungs-Plan für alle kann es aufgrund der Individualität der
Pferde allerdings nicht geben. So wird ein ‚heißer Ofen' eine längere
und etwas anders aufgebaute Lösephase benötigen als ein nerven-
starker Faulpelz. Das Lösen sollte erst beendet sein, wenn das Pferd
zufrieden kaut sowie sich taktrein und in gleichmäßigem Tempo
ausgeglichen und ungezwungen unter dem Reiter bewegt. Erst dann
beginnt die eigentliche Arbeit, in die aber – bei aufkommender
Spannung – immer wieder lösende Lektionen eingebaut werden
sollten.

Bei allem lösenden Aufwärmen darf man als Reiter allerdings nicht
den Fehler machen, sein Pferd einfach so daherlaufen zu lassen.
Kopf hoch, Rücken unten, Hinterbeine weg – damit ist jedes Lösen
für die Katz. Zwar erwärmt sich die Muskulatur, allerdings fängt sie
mit der Zeit auch an zu schmerzen. Vor allem der durchhängende
Rücken empfindet das Reitergewicht nach und nach als immer
unangenehmer. Statt Entspannung und Aufbau einer nötigen Körperspannung kommt es früher oder später zur Verspannung. Ganz

Lösen als Lösung

„Ist man am Ende seiner
Weisheit und sucht nach
einer Lösung – sie liegt
immer näher, als man sie
sucht – sie heißt Lösung."

ROLF BECHER,
Schöpfer des Chiron-Gedankens,
aus: „Assistierende Perspektiven
für Reiter und Richter", 1980

Vor allem auch beim Lösen ist das „Vorwärts-Abwärts-Reiten", wie hier demonstriert, sehr hilfreich. Allerdings sollte die Nase des Pferdes noch mehr nach vorne zeigen.

wichtig ist es deshalb auch bereits beim Lösen, das Pferd so „vorwärts-abwärts" zu arbeiten, dass es bei leicht gewölbtem Hals die Tiefe sucht und dabei seinen Rücken aufwölbt. ‚Tief' heißt dabei nicht ‚eng'. Das Pferd soll seinen Hals vom Widerrist an fallen lassen und sich, vom Sattel aus gesehen, dem Reiter einer nach oben gebogenen Rutsche ähnlich präsentieren. Dabei darf der Endpunkt der ‚Rutsche' nicht vom dritten oder vierten Halswirbel gebildet werden, sondern vom Genick des Pferdes.

Um an diesem Punkt aus dem Lösen aber kein ‚Lösen bis zur Auflösung', also ein Auseinanderfallen, werden zu lassen, muss der Reiter immer bemüht sein, auch in der Phase des Aufwärmens die Hinterhand seines Pferdes aktiv zu halten. Fleißig nach vorn durchschwingende Hinterbeine verhindern nämlich, dass das Pferd lediglich auf der Vorhand läuft. Nur wem es gelingt, so zu arbeiten, dem gelingt es auch, den Pferderücken im Verlauf des Lösens zum Schwingen zu bringen, Voraussetzung für jede weitere Arbeit.

„RUTSCHBAHN"-MODELL

Beim „Vorwärts-Abwärts-Reiten" soll das Pferd seinen Hals vom Widerrist an fallen lassen und sich, vom Sattel aus gesehen, dem Reiter einer nach oben gebogenen Rutsche ähnlich präsentieren.

VORWÄRTS-ABWÄRTS – LANGE BEKANNT, ANATOMISCH BEGRÜNDET

Die Dornfortsätze des Widerrists „sind lang und steigen von unten schräg nach hinten oben an. Sie haben also als Hebelarm für eine Zugwirkung, die durch die Nackenmuskeln nach vorn ausgeübt wird, eine ideale Stellung. Dehnt das Pferd den Hals nach vorn (*vorwärts-abwärts, Anmerk. d. Autorin*), so üben die Nackenmuskeln und das Nackenband eine entsprechende Zugwirkung aus, und die Dornforttsätze des Widerrists werden aufgerichtet. Diese Zugwirkung wird durch das sehnige Band, das als direkte Fortsetzung des Nackenstranges alle Dornfortsätze am Rücken miteinander verbindet und durch den viel gespaltenen Querdornmuskel auf den Rücken übertragen. Dieser Muskel besteht aus vielen mit Sehnenspiegeln bedeckten Strahlen, die von jedem einzelnen Dornfortsatz schräg abwärts nach hinten an die Bögen der Rücken- und Lendenwirbelsäule ziehen. ... Sie greifen an den Rücken- und Lendenwirbeln in der gleichen Zugrichtung an wie die Nackenmuskeln an den Dornfortsätzen. Werden also die Dornfortsätze nach vorn aufgerichtet, so müssen ihnen die Rücken- und Lendenwirbel nach vorn und oben folgen. Damit wird der Rücken gehoben, das heißt, er kommt in seine natürliche Lage zurück."

aus: „Der Reiter formt das Pferd", Hannover 1939

Große Themen

„So wie die Versammlung ein großes Thema in der Ausbildung ist, so ist auch das Vorwärts-Abwärts-Reiten ein großes Thema."

EGON VON NEINDORFF, Begründer des gleichnamigen Reitinstituts zur Förderung der klassischen Reitkunst.

SPANNEND STATT SPANNIG

Auch wenn die Voraussetzung für Losgelassenheit durch richtiges
Lösen geschaffen wird, so ist Losgelassenheit nicht nur eine wichtige
Grundlage der Aufwärmarbeit, sondern ein Muss für die gesamte
Arbeit mit dem Pferd. Mangelnde Losgelassenheit wird nicht nur in
Dressurprüfungen von Richtern geahndet, sie führt früher oder
später immer zu Problemen bei einzelnen Lektionen, verhindert die
tänzerische Ungezwungenheit der Bewegungen und erschwert das
bequeme Sitzen auf dem Pferderücken. Wer glaubt, einen tollen
Mitteltrab daran messen zu können, dass er kaum noch richtig sitzen konnte, ist gewaltig auf dem Holzweg – im wahrsten Sinne des

Zu Beginn der Lösungsphase
dehnt sich das Pferd losgelassen
und vertrauensvoll an die
Reiterhand heran.

Wortes. Spannung veranlasst das Pferd dazu, seinen Rücken ‚dicht‘, also bretthart, zu machen. Die Folge: Die Bewegung geht nicht mehr harmonisch durch den ganzen Pferdekörper, der Reiter wird aus dem Sattel katapultiert statt weich mitgenommen. Das mag, vor allem bei strampelnden Vorderbeinen, spektakulär aussehen, richtig ist es aber nicht, da es für den empfindlichen Pferderücken eine enorme Belastung darstellt.

Auch einfache Wechsel, fliegende Wechsel, Traversalen oder Pirouetten gelingen nur optimal, wenn das Pferd körperlich und seelisch losgelassen ist. Nur so bleibt auf Dauer auch die Motivation des Pferdes, die Freude an der Mitarbeit, erhalten. Und ohne die kann Reiten für alle Beteiligten zur Qual werden.

Im Keim erstickt

„Man glaubt, den Widerstand im Hals brechen zu müssen. Indem man nun das Pferd in kurze Zügel spannt und gegen diese zu einer Zeit vertreibt, wo das Pferd noch gänzlich unfähig zu einer so scharfen Hergabe der Hinterhand ist, zwingt man gerade das Pferd zu dem Widerstand. Anstatt also die Halsmuskeln zu lösen, zu erleichtern, stärkt und kräftigt man sie durch die Arbeit, zu der man sie zwingt. Man erzeugt, was man beseitigen wollte, bevor es überhaupt da war. Das, was man erreichen wollte, einen kräftigen, losgelassenen Gang, das wird dabei natürlich im Keime erstickt."

OBERSTLEUTNANT GROOS,
aus: „Über die Anwendung der Longe in der Dressur des Soldatenpferdes", Berlin 1906

Am Ende der Lösephase lässt sich das noch junge Pferd bereits willig und entspannt von seiner Reiterin aufnehmen.

SPANNUNG ERKENNEN UND LÖSEN

Wie schon gesagt, das losgelassene Pferd erkennt man am gleichmäßigen Bewegungsablauf, an locker getragenem und leicht hin und
her pendelndem Schweif, zufriedenem Ohrenspiel und entspanntem Kauen auf dem Gebiss. Auch das Sitzgefühl auf einem losgelassenen Pferd ist wesentlich angenehmer als auf einem verspannten.
Wenn's im Sattel unbequem wird, sollte dies immer ein Alarmzeichen für den Reiter sein und zur Frage führen: Wo läuft hier gerade
was falsch und was muss geändert werden?
Deutliche Zeichen von Verspannung sind im Allgemeinen leicht zu
erkennen: Buckeln, Wegspringen, Davonstürmen. Solange man im
Sattel das Gefühl hat, statt auf einem Pferderücken auf einem Pul-
verfass zu sitzen, kann von Entspannung und Losgelassenheit natürlich keine Rede sein. Hier hilft nur, dem Pferd täglich genügend
Auslauf zu bieten, um seinem natürlichen Bewegungsdrang Rechnung zu tragen.

**Aufkommende Verspannung
eines Pferdes kann sich auch
mal recht explosiv entladen.**

Diffiziler wird's, wenn ein Pferd dazu neigt, seine Verspannung nicht so offen zu zeigen. Als Reiter muss man gewarnt sein, wenn:

- das Pferd mit den Zähnen knirscht,
- „tot" im Maul ist (nicht schäumend kaut),
- die Zunge hochzieht,
- stark mit dem Schweif wedelt oder ihn einklemmt,
- andauernd die Ohren anlegt,
- schlecht sitzen lässt,
- unaufmerksam ist oder
- (bei Wallachen) deutliche Schlauchgeräusche hören lässt.

Zeichen von Spannung: Zähneknirschen, mal mit geöffneten, mal mit geschlossenen Lippen.

Meist reicht ein kleiner Schritt zurück, also das vorübergehende Zurückschrauben der Anforderungen, um das Pferd wieder zur Losgelassenheit zu bringen. Verpasst man diesen Moment, wird nicht selten aus einem kleinen Problem ein großes, irgendwann vielleicht sogar unlösbares Problem.

Beispiel Zähneknirschen: Unter dieser Angewohnheit leiden auch manche Menschen, vor allem des Nachts. Ärzte und Psychologen sind der Meinung, dass Unzufriedenheit, ungelöste Probleme oder hoher Leistungsdruck zu starker Anspannung führen, die sich im Schlaf durch unbewusstes Knirschen äußern kann. ‚Nebenwirkung' des Knirschens können starke Zahnabnutzung, Kiefergelenkschäden, verspannte Hals- und Nackenmuskulatur und damit verbunden häufige Kopfschmerzen sein. Nun knirschen Pferde nicht im Schlaf, sondern unter dem Reiter, doch sind auch hier die Ursachen vergleichbar. Unzufriedenheit beim Pferd – sie kann durch falsche Haltung (zu wenig Bewegung, 23-Stunden-Boxen-Einzelhaft, kein Freilauf, fehlende Abwechslung, etc.) oder durch schlechtes Reiten entstehen. Leistungsdruck – für viele Pferde leider an der Tagesordnung, vor allem dann, wenn der Reiter zu früh und zu schnell zu viel von seinem Pferd verlangt und auf Missverständnisse und Fehler zu hart reagiert. Mag das Pferd vom Zähneknirschen auch keine Kopfschmerzen bekommen – aber wer weiß das überhaupt so genau? –, so ist es doch auf jeden Fall psychisch und auch körperlich

Tipp

Ihr Pferd ist ein Lebewesen, kein Sportgerät. Deshalb ist es eigentlich ganz klar, dass Losgelassenheit nicht nur davon abhängt, was unter dem Reiter passiert, sondern auch davon, wie das tägliche Leben des Pferdes gestaltet ist. Schlechte Haltung, falsche Fütterung, zu wenig Bewegung, mangelnde Abwechslung und fehlende Sozialkontakte frusten ein Pferd und können Grund für Probleme mit der Losgelassenheit sein. Bieten Sie Ihrem Pferd also ein zufriedenes und möglichst artgerechtes Leben.

Eine möglichst artgerechte Haltung hilft dem Pferd zu innerer und äußerer Losgelassenheit.

verspannt. Egal also, ob Mensch, ob Pferd: Knirschen mit den Zähnen ist immer ein Zeichen von mangelnder Harmonie zwischen Körper und Geist. Den Ursachen dafür auf den Grund zu gehen und sie abzustellen ist – als denkendem Teil in der Sportpartnerschaft Mensch-Pferd – Aufgabe des Reiters.

WAS TUN, WENN SICH DAS PFERD NICHT LOSLÄSST?

Ausreichendes und sinnvolles Lösen ist also, neben einer entsprechenden Haltung, Voraussetzung dafür, dass sich ein Pferd unter dem Reiter körperlich und seelisch entspannt. Doch es gibt auch Pferde, die tun sich mit dem Loslassen einfach schwerer als andere. Sie brauchen länger, bleiben anfällig für äußere Reize, laden sich während der Arbeit immer wieder auf und sind dann schwer wieder in den Griff zu bekommen. Die größten Fehler, die man in solchen Situationen als Reiter machen kann, sind: die Geduld verlieren und Zwang ausüben. Damit verstärkt man auf lange Sicht gesehen nur das Problem der mangelnden Losgelassenheit. Denn immerhin hat Losgelassenheit immer auch etwas mit Vertrauen zu tun – und mit Akzeptanz. Pferde sind Herdentiere, die einem Leittier folgen wollen. Hat der Reiter diese Rolle nicht für sich erobert, akzeptiert ihn sein Pferd nicht. Alpha-Tiere, also Führungspersönlichkeiten unter

Fürs Foto provoziert: Ärger – sprich Spannung – beim Pferd. Deutlich sieht man den unzufriedenen Gesichtsausdruck, den verspannten Rücken, die hohe Kruppe und den wedelnden Schweif.

**Tipp für
den Reiter**

Kontrollieren Sie
während der Arbeit
immer wieder die
Losgelassenheit,
indem Sie Ihr Pferd
vorwärts-abwärts in
die Tiefe lassen.
Stürmt es dabei weg
oder rollt es sich auf,
sollten wieder vermehrt
lösende Übungen
geritten werden. Sucht
es bei gleich bleiben-
dem Tempo zufrieden
die Tiefe, sind Sie auf
dem richtigen Weg.

den Pferden, tanzen ihren Reitern dann schnell auf dem Kopf
herum. Übernervöse oder schreckhafte Pferde sind aber meist keine
Alpha-Tiere. Sie wollen einem Chef – sei es ein Pferd oder ein
Mensch – folgen und dabei auf dessen Stärke vertrauen, Motto:
Der Boss wird's schon wissen. Lässt der Reiter Unsicherheiten wie
Scheuen, Davonstürmen oder Kleben jedoch immer wieder durchge-
hen und wird dabei womöglich selbst nervös oder gar ängstlich, legt
das Pferd dies als Schwäche aus und sieht sich genötigt, selbst die
Führungsrolle zu übernehmen – eine Aufgabe, mit der es, verfügt es
über wenig Selbstbewusstsein, überfordert ist. Die Folge: Das sowie-
so schon schreckhafte Pferd lauscht und guckt nach allem, was ihm
verdächtig vorkommt, immer bereit, sofort die Initiative, sprich die
Flucht zu ergreifen.

Bei solchen Pferden ist reiterliche Kunst gefragt, wobei diese nicht
unbedingt daran zu messen ist, auf welchem Leistungsniveau sich
der Reiter befindet. Wichtiger ist die Frage, inwieweit er in der Lage
ist, in sein Pferd hineinzuhorchen, zu erkennen, welchen Typ Pferd

Richtiges Longieren ist ebenfalls
ein gutes Mittel, die Losgelassenheit eines Pferdes zu verbessern.

er da unter dem Sattel hat – den frechen oder den unsicheren – und seine Reaktionen darauf einzustellen. Das freche Pferd kann schon mal ein wenig mehr Druck vertragen, das unsichere muss vorsichtig aber bestimmt ‚an die Hand genommen' werden, um Sicherheit bei seinem Reiter zu finden.

Dieses ‚an die Hand nehmen' beginnt schon im allgemeinen Umgang und findet seine Fortführung in der Arbeit unter dem Sattel oder an der Longe. Es sind oft Kleinigkeiten, die ein unsicheres Pferd noch unsicherer und damit noch verspannter machen. Hektik beim Putzen zum Beispiel, weil der Reiter zu wenig Zeit hat; ein zu hart angezogener Sattelgurt nach dem Aufsatteln, verbunden mit einer groben Reaktion des Reiters, wenn das Pferd sich gegen das Angurten wehrt; kein konsequentes Eingreifen, wenn das Pferd seinen Reiter beim Führen umrennt – all dies kann zu vermehrter Nervosität oder zur Übernahme der Führungsrolle durch das Pferd führen. Deshalb: Gerade bei unsicheren oder hektischen Pferden Ruhe, verbunden mit konsequenter Erziehung, walten lassen.

Auch Loben kann einem Pferd helfen, sich schneller zu entspannen.

Innere Bereitschaft

„Die Losgelassenheit ist eine Grundvoraussetzung für die Ausbildung. Ist sie nicht vorhanden, werden die Hilfen des Reiters nicht den gewünschten Erfolg haben. Dabei ist die innere Bereitschaft des Pferdes von größter Bedeutung."

NADINE CAPELLMANN,
Dressur-Weltmeisterin

Das Gleiche gilt auch für die Arbeit unter dem Reiter. Hier muss versucht werden, ganz gezielt durch lösende Lektionen das Pferd körperlich zu entspannen und ihm bei hektischen Reaktionen durch konsequentes, aber gewaltloses Durchgreifen Sicherheit zu vermitteln und damit psychische Entspannung zu erreichen.

Manchmal klappt's aber trotz aller Geduld und Geschicklichkeit des Reiters doch nicht so richtig mit der Losgelassenheit des Pferdes. Das Sprichwort „Genie und Wahnsinn liegen eng zusammen" trifft auch auf so manchen Vierbeiner zu. Bestes Beispiel waren und sind Pferde wie Nicole Uphoffs Rembrandt oder Nadine Capellmanns Farbenfroh. Präsentieren sie sich in einer Prüfung losgelassen und entspannt, ist es für jeden Dressurfan eine wahre Offenbarung, ihnen zuzusehen. Doch so wie Rembrandt immer mal wieder ‚heiß' werden konnte, so bereitet auch Farbenfroh seiner Reiterin oft unliebsame, weil explosive Überraschungen. Aber auch gegen solche ‚kernigen' Charaktereigenschaften ist ein Kraut gewachsen: Bodenarbeit. Von reinen Sportreitern oft als ‚Tüdelkram' belächelt, von erfahrenen Pferdeleuten wie Linda Tellington-Jones oder Monty Roberts inzwischen allerdings ‚hoffähig' gemacht, ist sich auch Dressur-Weltmeisterin Nadine Capellmann nicht zu schade, sich dieses Ausbildungsmittels zu bedienen, wenn es darum geht, Farbenfroh mehr Gelassenheit und Vertrauen zu vermitteln. Ein Pferd durch ein Stangenlabyrinth oder über eine Plastikplane treten zu lassen, es mit

LÖSENDE LEKTIONEN / ÜBUNGEN

DAZU GEHÖREN die drei Grundgangarten (zunächst vorwärtsabwärts im Arbeitstempo), häufige Handwechsel, Reiten auf großen gebogenen Linien (Zirkel, Schlangenlinien, große Achten), Übergänge (Trab-Schritt, Galopp-Trab, am Ende der Lösephase auch Trab-Halt, Trab-Halt-Rückwärts), Schenkelweichen, Zulegen-Einfangen in Trab und Galopp, Loben. Am Anfang, am Ende und zwischendurch immer wieder Vorwärts-Abwärts abfragen.
Bei Bedarf kann auch Ablongieren und/oder über Stangen traben mit in die Lösephase einbezogen werden.

Stimme und Gerte vorwärts, seitwärts und rückwärts zu dirigieren oder mit ihm über wackeligen Untergrund oder durch flatternde Kunststoffbahnen zu gehen – all das fördert das Selbstbewusstsein des Vierbeiners, regt ihn (in seinen tierischen Grenzen) zum Mitdenken an und hilft ihm, sich auf ‚seinen' Menschen einzulassen und sich zu entspannen.

Erst wenn ein Pferd völlig losgelassen ist, kann es seine Qualitäten optimal zur Geltung bringen. Hier die Dressur-Weltmeisterin Nadine Capellmann mit Ihrem Pferd Farbenfroh.

LOSGELASSENHEITS-TEST

Wirklich losgelassen oder nur geschickt getrickst? Der Reiter kann dies während der Arbeit mit dem Pferd immer wieder testen, indem er zwischendurch – beim Lösen, während der Arbeitsphase und auch beim abschließenden Abspannen – sein Pferd vorwärts-abwärts bis zum Zügel-aus-der-Hand-kauen-lassen reitet. Ein losgelassenes Pferd dehnt sich bei gleich bleibendem Tempo zufrieden an die Hand, egal in welcher Gangart es sich befindet. Ein nicht losgelassenes, verspanntes Pferd wird eiliger, rennt seinem Reiter (pardon) „unterm Hintern weg" und nutzt vielleicht sogar die Gelegenheit für einen Buckler.

MIT TTOUCH ZUR LOSGELASSENHEIT

Auch wenn noch immer manche „Klassiker" skeptisch mit dem Kopf schütteln, öffnen sich immer mehr Reiter wie unter anderem Nadine Capellmann oder Klaus Balkenhol auch alternativen Methoden. Eine davon ist die der Kanadierin Linda Tellington-Jones. Ihr TTouch in Verbindung mit speziellen Bodenübungen ist inzwischen weltberühmt und seit Jahren anerkannt. Die „TTouches", ganz spezielle große und kleine kreisende Berührungen des Pferdekörpers, sollen unter anderem Spannungen lösen, das Vertrauen zwischen Pferd und Mensch stärken und nach Erkrankungen sogar die Heilung fördern. In Verbindung mit den ebenfalls von Linda Tellington-Jones entwickelten Bodenübungen – Arbeit im Stangenslalom, über Holzbrücken, Kunststoffplanen oder durch Plastikvorhänge gehen – gewöhnen sich die Pferde angstfrei an die schwierigsten Situationen. Genauer auf die Methode einzugehen, würde hier den Rahmen sprengen. Ein kleiner Hinweis für alle Besitzer extrem „heißer Öfen": Literatur zum TTouch und der gesamten Methode finden Sie im Serviceteil auf S. 169.

Durch Bodenarbeit lernt das Pferd, sich auf „seinen" Menschen zu konzentrieren und sich auf ihn einzulassen.

Auch das Führen über ungewohnte Untergründe („Brücke", Plastikplane, etc.) fördert das Vertrauen und damit die Losgelassenheit.

ANLEHNUNG – DIE SACHE MIT DEM GUMMIBAND

Wer lehnt sich nicht hin und wieder mal gerne an – an einer gemütlichen Sofalehne, einer standfesten Mauer oder einer starken Schulter. Anlehnen hat meist etwas mit Stützen, mit Ausruhen zu tun. Nicht aber in der Reiterei. Hier beschreibt Anlehnung vielmehr einen aktiven Prozess, und zwar den der Kommunikation zwischen Reiterhand und Pferdemaul. Stützt sich das Pferd auf die Reiterhand und ruht sich bzw. seinen Kopf darauf aus, so ist dies gar ein Zeichen dafür, dass sich die Ausbildung auf einem falschen Weg befindet. Aus diesem Grund ist der Begriff ‚Anlehnung‘ im Rahmen der Ausbildungsskala eigentlich ein wenig irreführend. Treffender wären sicher Bezeichnungen wie ‚Herandehnen‘, ‚Kontakt‘ oder ‚Kommunikation‘. Bleiben wir aber der Einfachheit halber bei dem traditionellen Begriff ‚Anlehnung‘. Optimal ist sie, wenn sich das Pferd sanft an den leicht anstehenden Zügel herandehnt, dabei zufrieden am Gebiss kaut und sich seine Stirnlinie an oder leicht vor (etwa eine Handbreit) der Senkrechten befindet. In der Perfektion bleibt dies auch in schweren Lektionen und Übergängen erhalten. In der Praxis sieht es aber leider oft anders aus, doch davon später. Anlehnung hat auch nichts, wie von manchen unwissenden Vertretern vor allem aus schlecht ausgebildeten Westernkreisen gerne behauptet, mit „Kraftakt zwischen Pferdemaul und Reiterhand" zu tun. Ein guter klassischer Reiter schafft es vielmehr, sein Pferd so zu arbeiten, dass der Zügel wie ein dünnes Gummiband wirkt: leicht gespannt, aber nie so stark, dass es reißen könnte. Hängt das Gummiband/der Zügel dagegen die ganze Zeit über durch, sind unsichtbare Minimalhilfen aus dem Handgelenk bzw. dem An- und Abspannen der Faust, so wie sie eigentlich verlangt sind, nicht möglich. Die Anlehnung ist der Dreh- und Angelpunkt in der gesamten Reiterei. Sie verbindet die Basis der Ausbildung mit dem zweiten Teil der Ausbildungsskala: Während Takt und Losgelassenheit die Grundlage für eine korrekte Anlehnung sind, ist diese wiederum Voraussetzung für alles Kommende (Schwung, Geraderichtung und Versammlung).

SENSIBLER PUNKT PFERDEMAUL

Anlehnung hat also weder was mit Ziehen, noch mit Abstützen zu tun – und schon gar nicht mit Reißen oder Riegeln. Man stelle sich das aufgetrennte Pferdemaul einmal bildlich vor: Das Gebiss liegt im zahnlosen Zwischenraum zwischen Vorder- und Backenzähnen, also auf dem nur von dünner Schleimhaut geschützten Knochen. Beim Annehmen der Zügel wird Druck auf die Zunge, die untere Lade und die Leftzen ausgeübt – eine Region, in der Millionen mikroskopisch kleiner Nervenzellen liegen. Immerhin muss das Maul einem Pferd die nicht vorhandenen Hände und Fingerspitzen ersetzen: Es kann damit tasten, liebkosen, greifen, beißen oder auch ganz gezielt einzelne feine Grashalme rupfen. Wer sich dies hin und wieder mal

1 Mit seinem hochsensiblen Maul kann ein Pferd sogar gezielt einzelne, besonders schmackhafte Grashalme ausrupfen.

2 Dass hier die Anlehnung nicht stimmt, zeigt das Pferd mit seiner ganzen Mimik und einem gequält geöffneten Maul.

vor Augen führt, kann vielleicht ungefähr erahnen, wie viel Empfind-
lichkeit in einem Organ vorhanden sein muss, das sowohl grobmoto-
rische und kraftvolle, als auch feinmotorische und sanfte Aktivitäten
ausüben kann. Das Maul ist damit eine der sensibelsten Stellen am
Pferdekörper, und als Reiter ist man deshalb doppelt gefordert, dem
Rechnung zu tragen.

Kraft darf über Hand und Zügel also nur sehr dosiert eingesetzt werden. Würde man zwischen Pferdemaul und Reiterhand statt eines
Zügels eine mechanische Federwaage zur Kraftmessung (kennen
Sie sicher noch aus dem Physikunterricht) einsetzen, würde man –
bei korrekt in Anlehnung gehenden Pferden – sehen, dass grob
geschätzt selten mehr als durchschnittlich etwa 50 bis 100 Gramm
Druck pro Seite auf das Pferdemaul wirken. Oft sieht man dagegen,
dass Reiter „Zentner in der Hand" haben oder bei jeder Lektion und
jedem Übergang kräftig ziehen, statt nur leicht annehmen. Ein Problem, das nicht aus der Haltung des Pferdehalses entsteht, sondern
aus einer unaktiven Hinterhand.

DER MOTOR SITZT HINTEN

Die Hinterhand des Pferdes ist – neben dem Rücken – der wichtigs-
te Faktor in der Ausbildung. Der alte Reitlehrer-Spruch „Der Motor
sitzt hinten" trifft noch immer den Kern der Sache. Und wenn ein
Motor stottert oder nicht läuft, kann kein Auto richtig fahren, keine
Maschine richtig funktionieren. Für Pferde gilt, im übertragenen
Sinne, das Gleiche. Eine nicht aktiv mitarbeitende Hinterhand, ein
schlapper Motor also, hat negative Auswirkung auf den Takt, den
Schwung, die Versammlung, aber in besonderem Maße auch auf die
Anlehnung. „Von hinten nach vorne an die Hand herantreiben" wird
deshalb im Reitunterricht gelehrt. Doch was heißt das eigentlich?
Der Reiter muss versuchen, mit treibenden Hilfen aus Kreuz und
Schenkeln die Hinterbeine des Pferdes zum vermehrten und vor
allem auch fleißigen Vortreten zu veranlassen und gleichzeitig die

Bewegung mit halben Paraden aufzunehmen. Nun machen dabei viele Reiter den Fehler, zwar brav von hinten nach vorne zu treiben, dabei aber den ‚Gegenspieler Hand' zu vergessen. Merke: Was ich von hinten treibe, muss ich vorne immer wieder abfangen! Vernachlässigt man dies, wird das Pferd zwar vorwärts gehen, der hinten gesetzte Impuls verpufft aber im Nirgendwo, das Pferd wird nur schneller oder lang und länger. Anlehnung erreicht man so nicht.

1 Das Pferd fußt mit seinen Hinterbeinen kraftvoll ab.
2 Auch beim Vorschwingen hebt es die Beine, statt sie durch den Sand zu ziehen.
3 Bei diesem Pferd schlurfen die Hufe über den Boden und wirbeln sogar Staub auf – hier läuft der „Motor" nur auf halben Touren.

Durch Aktivieren der Hinterhand arbeitet der Reiter sein
Pferd in die korrekte Anlehnung herein.

Vor den Reiter

„Seit langen Jahren
beobachte ich die
Never-Ending-Story,
dass die Pferdehälse
in Dressurprüfungen
zu eng sind. Leider gibt
es da inzwischen eine
gewisse Akzeptanz
durch Gewöhnung.
Die Pferde müssen
aber wieder ‚vor‘ die
Reiter kommen. Je
mehr Versammlung,
desto mehr nähert sich
die Stirnlinie zwar der
Vertikalen – aber von
vorne nach hinten und
nicht von hinten nach
vorn.“

HEINZ SCHÜTTE,
langjähriger Offizieller
Internationaler Dressurrichter

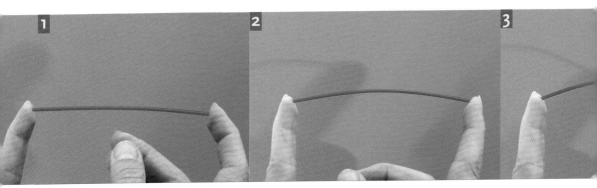

Man stelle sich dies – vereinfacht – wie einen elastischen Draht vor: Nur wenn man auf beide Seiten gefühlvoll einwirkt, wölbt sich der Draht nach oben gebogen zusammen. Drückt man nur auf einer Seite, geschieht gar nichts, der Draht rutscht höchstens weg. Drückt man dagegen zu stark, kippt der Draht nach unten durch.

Für die tägliche Reit-Praxis muss das heißen: In dem Moment, in dem man die Hinterhand zum vermehrten Vortreten auffordert, muss man durch annehmende Zügelhilfen eine Art Gegenpol zur vortretenden Hinterhand schaffen.

Nur so kommt auch beim Pferd die gewünschte und notwendige Körperspannung (nicht Spannung!) auf. Das Pferd sucht in diesem Augenblick den Kontakt zur Reiterhand, dehnt sich leicht Richtung Gebiss. Die Belohnung für diese Reaktion des Pferdes ist das leichte Nachgeben des Zügels.

Doch Vorsicht: Nachgeben ist gut, alles Wegschmeißen dagegen verunsichert das Pferd. Wo soll es Anlehnung (Kontakt) finden, wenn plötzlich nichts mehr da ist. Zum Nachgeben gehört deshalb immer auch das Aufnehmen. Gibt man allerdings überhaupt nicht nach, findet das Pferd im Zügel eine Stütze, auf der es sich ausruhen oder gegen den es kämpfen kann – ein Effekt, der eine leichte Anlehnung verhindert und auch den Vortritt der Hinterhand, das Funktionieren des Motors also, behindert.

1 Ohne Einwirkung passiert gar nichts.
2 Gleichmäßiger leichter Druck auf beiden Seiten führt zu einer Aufwölbung des Drahtes.
3 Wird die Einwirkung vorsichtig verstärkt, wölbt sich auch der Draht vermehrt auf.
4 Verringert sich links (vorne) der Druck und verstärkt sich gleichzeitig rechts (hinten), hebt sich der vordere Teil, der hintere senkt sich.
5 Übt man dagegen von Anfang an einseitig zu viel Druck links (vorne) aus, kippt der Draht und hängt nach unten durch – ähnlich wie ein Pferderücken.

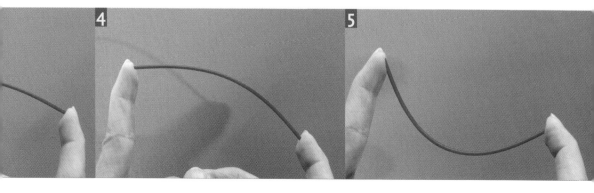

ANLEHNUNGSMÄNGEL

Das perfekte Zusammenspiel zwischen Treiben, Annehmen und Nachgeben ist sicher eine der größten Herausforderungen bei der Ausbildung und dem täglichen Training eines Pferdes. Wer dies beherrscht, ist auf dem richtigen Weg. Allzu häufig sieht man allerdings Pferde mit deutlichen Anlehnungsmängeln. Zu eng, zu tief, zu hoch, zu lose, gegen die Hand, Zunge raus – die Palette der Anlehnungsfehler ist vielschichtig. In den letzten Jahren hat sich besonders das Bild des leicht hinter der Senkrechten gehenden Pferdes manifestiert und sich damit bei vielen Reitern und auch Ausbildern so etwas wie Normalität erobert. Selbst in Spitzenprüfungen großer Turniere gehen immer wieder Pferde, die offenbar alle schweren Lektionen beherrschen – allerdings mit der Nase hinter der Senkrechten. Richtig ist dies nicht, auch wenn sich inzwischen sogar viele Richter daran gewöhnt haben.

Ob vor oder hinter der Senkrechten ist allerdings keine Frage des

Das Pferd tritt in diesem Moment nicht an die Hand heran, die Anlehnung ist zu lose, das Genick nicht höchster Punkt.

Geschmackes. Es ist eine Frage des optimalen Muskel- und Gelenk-
zusammenspiels. Die schon von den alten Meistern verlangte Haltung des ausgebildeten Pferdes – aufgerichteter Hals, Genick höchster Punkt, gewölbter Rücken und gesenkte Hinterhand – ist unter
dem Reiter die Haltung, bei der das Pferd durch optimale Rücken-
kräftigung bestmöglich geschont wird, die Idealhaltung also.

Auch alle übrigen Anlehnungsprobleme wirken sich ungünstig auf
den Pferderücken aus. „Toll, ich hatte heute nichts in der Hand" –
ein oft gehörter Satz im Reitstall. Dabei ist das alles andere als toll,
denn „nichts" in der Hand heißt, dass das Pferd sich nicht an die
Reiterhand herandehnt und das Gebiss nicht annimmt. Typisch für
solche Pferde ist es, im Laufe der Arbeit mit dem Kopf hinter die
Senkrechte oder nach unten ‚wegzukippen' und mit dem Gebiss zu
klappern, statt leicht darauf zu kauen. Als Reiter ist man dann
machtlos: Die korrekte Aufrichtung geht verloren, die Paraden
kommen nicht mehr punktgenau durch, das Pferd ist nicht mehr
reell kontrollierbar, Lektionen werden zur Glücksache. Ähnliches gilt

Energisches Vorwärtsreiten
ist ein Mittel gegen zu lose
Anlehnung.

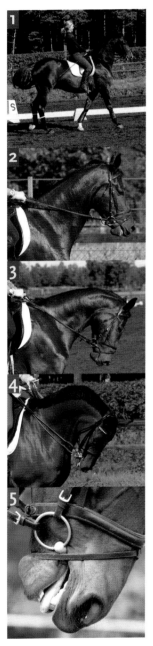

Anlehnungsfehler: 1 Gegen die Hand | 2 Fest im Genick | 3 Auf der Hand
4 Viel zu eng, aufgerollt | 5 Zungenstrecken

auch für Pferde, die zu weit über dem Zügel gehen, also nicht im Genick nachgeben.

In beiden Fällen verstärkt sich der Druck auf die Rückenmuskulatur des Pferdes. Es kommt zu Muskelverspannungen, die – im extremsten Fall – sogar die Wirbelkörper in eine falsche Lage bringen können, wodurch sich die Dornfortsätze einander nähern. Die schlimme Folge: Kissing Spines. Der im Englischen so nett und harmlos klingende Name der Erkrankung hat jedoch mit Küssen nichts zu tun. Vielmehr berühren sich die Dornfortsätze, es kommt zu Reibungsflächen zwischen den Knochen und zu schmerzhaften Entzündungen, die im fortgeschrittenen Stadion zur Unbrauchbarkeit des Pferdes führen können.

Der unangenehme Druck auf den Rücken ist meist auch eine der beiden Ursachen für das Anlehnungsproblem ‚gegen die Hand‘. Das Pferd versucht, sich diesem Druck zu entziehen, indem es auf Paraden oder vortreibende Hilfen mit einem kurzen Kopfschlagen, eben dem ‚gegen die Hand gehen‘ reagiert. Auch ungeschickte, zu

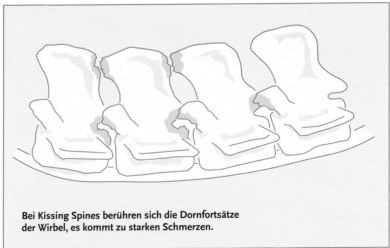

Bei Kissing Spines berühren sich die Dornfortsätze der Wirbel, es kommt zu starken Schmerzen.

harte Handeinwirkung verursacht diesen Fehler. Passiert er in einer Prüfung ein einzelnes Mal, ist es meistens kein Beinbruch, sondern lediglich ein Zeichen für ein kleines Missverständnis zwischen Pferd und Reiter. Zieht sich das ‚gegen die Hand gehen' aber durch die ganze Prüfung, ist es für Richter immer ein Hinweis darauf, dass die Abstimmung der Reiterhilfen fehlerhaft ist und sich das Pferd nicht auf dem richtigen Ausbildungsweg befindet.

DER SCHLAUFZÜGEL ALS LÖSUNG?

Viele Reiter, die Schwierigkeiten mit der Anlehnung, Durchlässigkeit oder Versammlung ihres Pferdes haben, greifen inzwischen kurzerhand zum Schlaufzügel – in der irrigen Annahme, dass damit all ihre reiterlichen Probleme gelöst werden. Doch Vorsicht: Das Gegenteil ist meist der Fall! Der Schlaufzügel wirkt wie ein Flaschenzug auf das Genick des Pferdes und hält so den Hals in der gewünschten Haltung. Der erste Eindruck des Reiters: Klasse, es geht doch. Worüber sich die meisten Schlaufzügel-Benutzer nicht im Klaren sind, ist die Tatsache, dass das Pferd durch den Einsatz dieses Zügels mit der Zeit enorme Halsmuskelkraft entwickelt, leider aber an den falschen Stellen. Statt eine gleichmäßige Muskulatur in der Oberlinie auszubilden und damit seine Tragkraft zu stärken, bekommt das Pferd – je nach Einsatz des Schlaufzügels und je nach seinen anatomischen Voraussetzungen – Muskeltraining an den falschen Stellen. Ein starkes Genick wird auf diese Weise noch stärker, ein kräftiger Unterhals noch kräftiger. Der Pferderücken arbeitet nicht mehr wie verlangt mit, weil die Bewegung, vom Schlaufzügel gehemmt, nicht mehr durch den ganzen Körper schwingen kann. Die Hinterhand wird ebenfalls daran gehindert, genügend unter den Schwerpunkt vorzutreten, und arbeitet stattdessen nach hinten heraus – was wiederum den Rücken belastet.

Durch das dauernde, lang anhaltende isometrische Krafttraining (Muskeltraining gegen einen Widerstand, in diesem Fall der Schlauf-

> ## Wahrer Meister
>
> „Es wird oft gesagt, dass der Schlaufzügel nur in die Hand eines reiterlichen Meisters gehört. Ein wahrer Meister aber braucht einen Schlaufzügel erst gar nicht."
>
> **GEORGE THEODORESCU,**
> Grand Prix-Ausbilder

Bequem – nicht besser

„Der Schlaufzügel ist das Schlimmste, was es gibt. Aber das Bequeme hat sich im Leben schon oft durchgesetzt und nicht das Bessere."

ALBERT STECKEN,
ehemaliger Vorsitzender des DOKR-Dressurausschusses

zügel) kommt es darüber hinaus zu einer chronischen Übersäuerung der Hals- und Rückenmuskulatur, was dem Pferd Schmerzen bereitet und es so immer undurchlässiger werden lässt.

Das Heimtückische am dauernden Gebrauch des Schlaufzügels ist die vom Reiter zunächst als positiv empfundene vermeintliche Verbesserung des Reitgefühls, die aber meistens nur eine schleichende Verschlechterung einläutet und die ‚Übertünchung' aller anderen Warnsignale des Pferdes. Irgendwann kann der Reiter sein Pferd dann tatsächlich nicht mehr auf ‚blanke Trense' durchs Genick reiten – und sieht sich damit wiederum in seiner Entscheidung hin zum Schlaufzügel bestätigt. Pferde, die nur noch auf diese Weise geritten werden können, sind auf jeden Fall auf dem falschen Weg. Manche Reiter reagieren dann mit Vorwürfen wie „der Bock ist unreitbar", oder aber sie laufen von Tierarzt zu Tierarzt oder von Sattler zu Sattler – im Glauben, dass ihr Pferd nicht in Ordnung ist. Ist es auch nicht. Allerdings meist nicht wegen mysteriöser Erkankungen oder falscher Sättel, sondern wegen des Schlaufzügels. Dem Pferd tun ganz einfach die Muskeln weh!

Statt zu sagen „der nimmt den Kopf nicht runter" oder „der ist manchmal so stark" und dann gleich zum Schlaufzügel zu greifen, muss die Frage also lauten: Warum nimmt mein Pferd den Kopf nicht runter? Warum wird es so stark? Wehren gegen die Hand, stark werden oder sonstige unerwünschte Reaktionen des Pferdes haben immer eine Ursache und sollten vom Reiter als Hinweis verstanden werden, seine Arbeit mit dem Pferd zu überdenken. Nicht das Pferd macht da was falsch, sondern der Reiter. Als Reiter ist man – im Gegensatz zum Pferd – in der Lage, sein Gehirn einzusetzen und Fehler und Probleme zu analysieren. Ursachenforschung ist wichtig, ähnlich wie beispielsweise in der Medizin. Nur ein schlechter Arzt verschreibt dem Kopfschmerzpatienten tagaus, tagein Schmerzmittel. Der gute Arzt versucht, den Grund der Kopfschmerzen herauszufinden und abzustellen. Seien Sie ein guter Arzt/Reiter und greifen Sie nicht immer gleich zum Medikament / Schlaufzügel!

Fürs Foto gestellt: ein mit Schlaufzügeln zusammengezogenes Pferd

Beweis erbracht

„Es ist von größter
Wichtigkeit, daß man ja
nicht versucht, ein Pferd,
welches den Begriff des
Nachgebens nicht kennt,
durch Schleifzügel
(*Schlaufzügel, Anmerk. d.
Autorin*) in eine Versammlung hineinzuzwingen
(zusammenzuschrauben).
... Der Schleifzügel soll
nicht dazu dienen, das
Pferd in die Hand herein-
zuziehen, sondern ist
lediglich für das Pferd ein
unüberwindlicher Wider-
stand, an welchem sich
dasselbe im Gebiß ab-
stößt. ... Ein richtig gearbeitetes Pferd muß jeder-
zeit, auch ohne Schleif-
zügel, in der Versammlung
geritten werden können,
denn wenn man nur das
Pferd mit dem Schleifzügel
in der Haltung erhalten
kann, ist der Beweis ge-
geben, daß die Arbeit
unrichtig ist."

RICHARD WÄTJEN,
aus: „Die Dressur des Reitpferdes", Berlin 1922

WAS TUN, WENN DIE ANLEHNUNG NICHT STIMMT?

Ein Schritt zurück ist beim Reiten meist immer auch ein Schritt nach vorn. Das gilt auch für Probleme mit der Anlehnung. Als Reiter sollte man diese nie ignorieren, sondern immer als alarmierenden aber auch willkommenen Hinweis auf sich anbahnende größere Schwierigkeiten verstehen. Man muss sich immer wieder fragen,

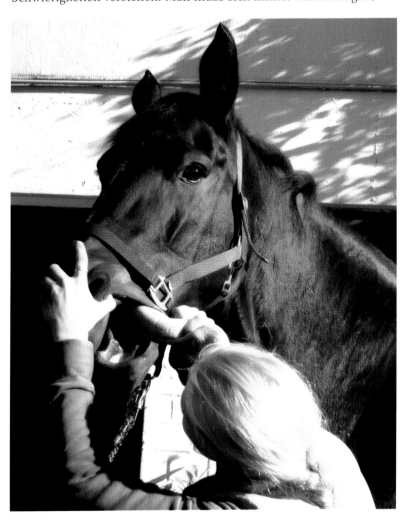

Eine regelmäßige Kontrolle der Zähne und der Schleimhäute kann einige Anlehnungsprobleme verhindern.

woran es liegen könnte und dann seine Anforderungen ans Pferd gegebenenfalls vorübergehend etwas zurückschrauben. Kleiner Trost: Nicht jede Anlehnungsschwierigkeit muss sich der Reiter zuschreiben. Zahnprobleme (Haken, Zahnwechsel, Entzündungen) beispielsweise können zu Anlehnungsmängeln führen, ebenso wie Rückenprobleme (Zerrungen, Wirbelblockaden, Kissing Spines). Vor allem bei Pferden, die bis dato immer ohne Schwierigkeiten zu rei-

Auch eine falsch verschnallte Trense (oder Kandare) kann zu Anlehnungsschwierigkeiten führen. In diesem Fall liegen Nasen- und Sperr-Riemen viel zu tief.

Beim Übergang zum Halten muss der Reiter das Pferd an leicht anstehendem Zügel in die Hand hineintreiben. Dadurch nimmt das Pferd dann vermehrt Last auf.

ZAUBERMITTEL ÜBERGÄNGE

Egal ob Takt, ob Losgelassenheit, Anlehnung, Schwung, Gerade-richtung oder Versammlung – es gibt eine Übung, die sich auf alle Komponenten der Ausbildungsskala positiv auswirkt: Übergänge. Sie sind das A und O der Reiterei überhaupt und ein pures Kraft-training. Durch das Reiten vieler Übergänge – also halber und auch ganzer Paraden – wird das Pferd (immer vorausgesetzt, der Reiter wirkt korrekt ein) optimal zwischen Kreuz, Schenkel und Reiterhand eingespannt, schiebt sich dabei zusammen und nimmt Last auf. Beim jungen Pferd geschieht das für einen kurzen Augenblick, beim ausgebildeten Pferd kann dies über längere Stre-cken abgerufen werden. Diesen Moment des ‚Last-Aufnehmens' kann man als Mensch nachmachen und so vielleicht auch besser nachvollziehen: Stellen sie sich mit leicht gespreizten Beinen hin und winkeln Sie dabei leicht die Knie an; aus dieser Haltung her-aus gehen Sie mit geradem Oberkörper senkrecht ein wenig tiefer in die Knie und dann langsam wieder in die Aus-gangsposition. Wiederholen Sie diese Übung mehrmals und bleiben Sie auch ein paar Mal für einige Sekunden in der tiefen Haltung. Und, fühlen Sie ein Ziehen in den Oberschenkeln und Gesäßmuskeln? So ähn-lich ergeht's den Pferden. Auch sie spüren die Muskelanstren-gung in der Hinterhand. Und so wie Sie die Anzahl ihrer abgewan-delten Kniebeugen-Übung nur langsam steigern können, so soll-ten Sie auch die Anzahl der Übergänge und die Dauer der Lastauf-nahme beim Reiten nicht zu schnell forcieren. Auch die Muskeln des Pferdes brauchen Zeit, um kräftiger und ausdauernder zu wer-den.

ten waren und die auf einmal unter dem Reiter unwillig reagieren, sollte zur Abklärung ein Tierarzt hinzugezogen werden. Plötzliches, scheinbar unmotiviertes Kopfschlagen beim Reiten kann auch Zeichen des gefürchteten Headshakings sein, einer Erkrankung, deren Ursache bis heute nicht eindeutig geklärt ist und die – je nach Ausprägung – ein entspanntes Reiten fast unmöglich macht.

Die meisten Anlehnungsprobleme sind jedoch – bittere Erkenntnis – vom Reiter hausgemacht. Eine unruhige oder harte Hand, ungeschickte Zügeleinwirkung, zu wenig Vortreiben der Hinterhand, mangelhafte Abstimmung der annehmenden und treibenden Hilfen, unpassende Gebisse oder falsch verschnallte Trensen/Kandaren – all dies macht es dem Pferd sehr schwer, sich vertrauensvoll an die Reiterhand heranzudehnen und so in eine stete und leichte Anlehnung zu gelangen.

Die erste Frage bei Anlehnungsfehlern muss deshalb sein:
- Warum hat das Pferd Schwierigkeiten mit der Anlehnung?
- Die zweite Frage: Was mache ich falsch?
- Erst dann kann die Frage folgen: Was kann ich tun, um das Problem zu lösen?

Ein Beispiel: Ein Pferd verkriecht sich hinter der Senkrechten, wird eng im Hals. Der Reiter reagiert instinktiv, indem er seine Hände höher nimmt und versucht, Kopf und Hals des Pferdes anzuheben. Doch statt des gewünschten Ergebnisses wird das Pferd immer enger. In diesem Fall lautet die Antwort auf Frage I:
- Die Hinterhand des Pferdes schwingt nicht genügend durch und nimmt nicht ausreichend Last auf, der Rücken wölbt sich nicht entsprechend auf.

Antwort auf Frage II:
- Der Reiter treibt nicht genügend, seine Hände sind außerdem zu hoch.

Antwort auf Frage III:
- Hände runter! Mehr von hinten nach vorne treiben, Zusammenspiel zwischen Treiben, Abfangen und Nachgeben verbessern, dazu viele Übergänge reiten.

Halbe Arrets

„Die halben Arrets sind … eine der schönsten und nützlichsten Hilfen der Reitkunst, durch deren zweckmäßige Anwendung geübte Reiter selbst Pferde, welche eine große Neigung haben, sich auf die Hand zu legen, beständig in einer richtigen Stellung zu halten, und ohne Aufwand von Kräften, noch Ermüdung der Hand mit vieler Leichtigkeit zu dirigieren weiß …"

JUL. CHRIST. HEINR. ANDRÉ, königlich preussischer Stallmeister bei der vereinten Friedrichs-Universität Halle-Wittenberg, aus: „Gründliche Anleitung zur Reitkunst", Halle 1837

Tipp

Die Ecken eines Dressurvierecks sind nicht nur Wendepunkt, sie sind viel mehr: Gewöhnen Sie sich an, jede Ecke (bei Zirkeln jeden Zirkelpunkt) zum Aufnehmen des Pferdes zu nutzen, also über halbe Paraden kurz vor der Ecke das Pferd ein wenig zurückzunehmen und dann wieder vorzulassen. Das kräftigt die Hinterhand, verbessert die Anlehnung und schult so die Durchlässigkeit. Dieses Aufnehmen sollte dem Reiter in Fleisch und Blut übergehen.

Aufgrund der Vielzahl der Anlehungsprobleme und ihrer Ursachen ist es schwierig, eine Patentlösung für das Abstellen sämtlicher Anlehnungsfehler zu geben. Grundsätzlich muss man jedoch zunächst einmal den Zusammenhang zwischen Anlehnungsproblem und eigener falscher Einwirkung erkennen und akzeptieren. Hat man dies geschafft, ist man schon ein Stück weiter, denn nur wer einen Fehler als solchen erkennt, kann überhaupt in die Lage kommen, ihn abzustellen. Dabei hilft schließlich oft das Reiten vieler Übergänge, die sich überhaupt durch die gesamte Trainingsstunde ziehen sollten. Während in der Lösephase Trab-Schritt- oder Galopp-Trab-Übergänge angesagt sind, können später auch Galopp-Schritt- oder Trab-Halt-Übergänge eingebaut werden. Zulegen und Einfangen im Trab und Galopp – immer natürlich von hinten nach vorne geritten – helfen dem Pferd ebenfalls, sich an die Reiterhand heranzudehnen.

Ob ein Pferd in sicherer Anlehnung geht, sollte der Reiter während der Arbeit immer mal wieder überprüfen. Zum einen kann er dazu hin und wieder mit beiden Händen ein kleines Stück vorgehen, um zu testen, wie das Pferd reagiert. Bleibt es an den Hilfen, ist es ein gutes Zeichen. Wehrt es sich oder hebt sich heraus, sollte das ‚Übergänge Reiten' intensiviert werden. Eine gute Übung ist hier auch das Zügel-aus-der-Hand-kauen-lassen. Nur Pferde, die schon recht

LEKTIONEN / ÜBUNGEN FÜR DIE ANLEHNUNG

Um die Anlehnung eines Pferdes zu verbessern, steht das Reiten von Übergängen an vorderster Stelle. Hinzu kommen sämtliche Lektionen, die auch den Takt und die Losgelassenheit fördern, außerdem Übungen wie: Zügel-aus-der-Hand-kauen-lassen, Überstreichen, energisches Vorwärtstreiben besonders im Galopp. Pferde, die dazu neigen, das Gebiss (vor allem in Paraden) festzuhalten, bringt man eher durch eine kleine und schnelle Rechts-Links-Bewegung der Hände zum Loslassen des Gebisses und zum Abkauen als durch lange, riegelnde Bewegungen.

Zügel-aus-der-Hand kauen-
lassen – das Pferd dehnt sich
jedoch nicht, sondern verharrt
mit aufgerolltem Hals.

Die gleiche Lektion deutlich
verbessert. Das Pferd dehnt
sich an die Hand, der Zügel
schlackert nicht durch.
Die Nase könnte noch mehr
vorgehen.

sicher in der Anlehnung stehen, reagieren hier wie gewünscht: Sie dehnen ihren Hals leicht gewölbt vorwärts-abwärts an den länger werdenden Zügel heran, ohne dabei das Tempo zu erhöhen oder zu stocken. Der Winkel zwischen Ganaschen und unterer Halslinie soll dabei größer werden, die Nase des Pferdes tendiert nach vorne (Zeichnung A). Fehlerhaft ist es, wenn ein Pferd bei dieser Übung seinen Hals nach oben heraushebt (Zeichnung B), ihn einfach gerade nach unten kippen lässt (Zeichnung C) oder sich aufrollt und die Nase Richtung Brust nimmt (Zeichnung D). All dies sind Zeichen, dass das Pferd nicht korrekt von hinten nach vorne gearbeitet ist und sich nicht in sicherer Anlehnung befindet.

Denken wir wieder an die Forderung, dass das Fundament stimmen muss: Wenn es mit der Anlehnung noch nicht so richtig klappt, muss man dem Pferd noch ein wenig Zeit lassen und es sorgfältig

A: Korrekte Haltung. Die Nase des Pferdes tendiert nach vorne. B, C, D: Fehlerhafte Haltungen. Der Hals ist nach oben herausgehoben, gerade nach unten gekippt oder Richtung Brust aufgerollt.

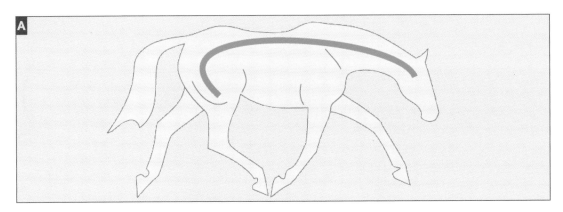

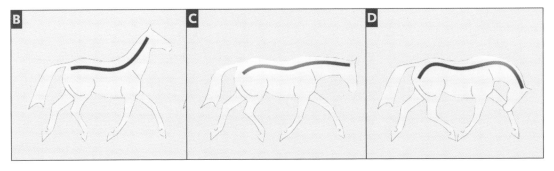

arbeiten, sonst bekommt unser Gebäude Schieflage. Erst wenn alle drei Fundament-Grundlagen – der Takt, die Losgelassenheit und die Anlehnung – keine größeren Probleme bereiten, kann man an den nächsten Schritt denken, den Weiterbau.

Der Winkel zwischen unterer Halslinie und Ganasche soll bei der Dehnung größer werden.

ANLEHNUNGS-TEST

Um die Anlehnung seines Pferdes zu kontrollieren, sind Überstreichen und auch Zügel-aus-der-Hand-kauen-lassen gute Übungen. Überstreichen kann man zwischendurch immer mal, entweder „prüfungsreif", also gut sichtbar, mit einer Hand oder mit beiden Händen, oder beidhändig über ein, zwei Schritte, Tritte oder Sprünge nur eben angedeutet. Bleibt das Pferd an den Hilfen, ist die Anlehnung in Ordnung, hebt es sich heraus, kippt es ab oder schlägt gar mit dem Kopf, stimmt was nicht.
Auch das Zügel-aus-der-Hand-kauen-lassen sollte zwischendurch und vor allem auch am Ende der Arbeit eingebaut werden. Dehnt sich das Pferd zufrieden bei leicht gewölbtem Hals an die Hand heran, war die vorausgegangene Arbeit erfolgreich. Macht es sich dagegen frei, rollt sich auf, bleibt in der vorherigen Haltung verharren oder lässt seinen Hals einfach nur vom Widerrist aus ohne Wölbung gerade absacken, ist dies ebenfalls ein Zeichen für nicht korrekte Anlehnung.

TANZENDE PFERDE: SCHWUNG, GERADERICHTUNG, VERSAMMLUNG

SCHWUNG KOMMT VON SCHWINGEN

Die einen schweben tänzerisch über die Weide oder durchs Viereck und scheinen den Erdboden nur aus Gefälligkeit zu berühren, die anderen tippeln oder stampfen hölzern und schwerfällig daher. Ihnen fehlt der Schwung. Die vierte Komponente der Ausbildungs-skala verführt beim Pferdekauf oft zur größten Begeisterung, im Rahmen der Ausbildung häufig aber auch zu den größten Überra-schungen oder Enttäuschungen. Ob ein Pferd schwungvolle Bewe-gungen hat oder nicht, hängt von vielen Umständen ab, nicht zuletzt aber auch von der Korrektheit, mit der es ausgebildet und täglich ge-arbeitet wird. Denn Schwung ist zum einen angeboren, zum ande-ren angeritten. Im zweiten Falle ist er – nach erfolgreich gelegtem Fundament – ein weiterer wichtiger Punkt beim Aufbau des Pferdes.

Schwung gibt es nur im Galopp und Trab. Bei korrekt gearbeiteten Pferden wird er sich im Laufe der Ausbildung noch verbessern und ermöglicht Bilder wie diese beiden.

DIE ANATOMIE MUSS STIMMEN

Wer ungerittene junge Pferde in Bewegung beobachtet, wird Unterschiede in ihrer individuellen Bewegungsqualität erkennen. Die einen traben locker und geschmeidig mit weiten, federnden Tritten, die anderen dagegen eilen in kurzen Tritten stakkatoartig daher. Ähnliches lässt sich auch im Galopp erkennen: Manche Pferde galoppieren kraftvoll, bergauf mit einer zeitlich ausgeprägten Phase der freien Schwebe, die andern scheinen mehr flach und eilig über den Boden zu huschen, statt zu springen. Der Unterschied zwischen solchen Bewegungen liegt im natürlichen Schwung oder Grundschwung, meist „Gänge" genannt. Sie sind abhängig vom Exterieur und vom Interieur eines Pferdes. Das Exterieur, also die Anatomie eines Lebewesens, beeinflusst ganz maßgeblich den Ablauf seiner Bewegungen, nicht nur bei Pferden. Eine Ente beispielsweise hat einen watschelnden Gang, weil ihr recht schwerer Körper auf zwar kräftigen, aber doch auch sehr kurzen Beinen mit breiten Schwimmfüßen ruht. Beim Vorwärtsgehen dreht sich ganz automatisch der Körper des Wasservogels hin und her, um das Gleichgewicht zu halten. Dadurch entsteht der Watschel-Gang. Anders bei Laufvögeln. Sie verfügen über mehr oder weniger lange Beine, die ein ausbalanciertes Schreiten zulassen. Der Körper solcher Vögel bleibt beim Gehen ruhig oder nickt nur leicht vor und zurück.
Nun sind Pferde keine Vögel und unterscheiden sich untereinander auch nicht dadurch, dass die einen besser laufen, die anderen besser schwimmen können. Trotzdem hat auch innerhalb ein und derselben Spezies der Körperbau Auswirkungen auf den Bewegungsablauf. Ausschlaggebend dafür sind Dinge wie die Stellung der Gliedmaßen zueinander, die Winkelung der Gelenke im Einzelnen und im Zusammenspiel mit Nachbargelenken sowie das Verhältnis zwischen Höhe und Länge eines Körpers. Für Pferde gilt: Je optimaler der (Dressurtyp-)Körperbau, desto höher die Wahrscheinlichkeit, dass dieses Pferd über einen gewissen natürlichen Schwung verfügt. Optimaler Körperbau heißt dabei: Der Kopf sollte frei getragen mit

Ein im modernen Sportpferde-typ stehender vierjähriger Wallach: hochbeinig, bereits gut bemuskelt mit harmonischen Linien.

leichten Ganaschen in einen leicht geschwungenen Hals übergehen. Der Hals wiederum soll genügend lang sein und harmonisch in einem langen, breiten Widerrist enden, wobei die Oberlinie des Halses stärker bemuskelt sein soll als die Unterlinie. Die Pferdeschulter soll möglichst schräg sein, der Rumpf rechteckig und über genügend Gurtentiefe verfügen, die Rückenlinie leicht geschwungen in eine nicht zu kurze, breite Kruppe übergehen. Die Vorderbeine des Pferdes sollen gerade gestellt sein und über gut ausgeprägte Gelenke verfügen, wobei zwischen Ellenbogen und Rumpf eine Faust passen sollte. Die Hinterhand sollte gut gewinkelt sein, das heißt 100° (Hüftgelenk), 140° (Kniegelenk) und 150° (Sprunggelenk). Wichtig ist auch die Winkelung der Fesselgelenke, die nicht unter 50° und nicht über 55° liegen sollte.

Das alles hört sich vielleicht an wie die Beschreibung eines zurzeit gängigen Schönheitsideals für Pferde, ist aber viel mehr. Denn all diese züchterisch erwünschten Äußerlichkeiten haben ihren tieferen und vernünftigen Grund. So ist ein Pferd mit leichten Ganaschen in der Regel einfacher an die Hilfen zu stellen, als eines mit engen und schweren Ganaschen, die es bei der Beizäumung stören würden. Das Gleiche gilt für einen ausreichend langen und leicht nach oben gebogenen Hals. Auch die schräge Schulter hat ihren Sinn, erlaubt sie doch erst das weite Vorfußen der Vorderbeine. Dieses Vorfußen allein macht aber noch keinen natürlichen Schwung aus, denn dazu fehlt nun das Geschmeidige des Ganges. Und hier kommen die Gelenkwinkel ins Spiel. Stimmen die Winkel, fällt es dem Pferd viel leichter, in der Bewegung auf- und ab- und auch vorwärts zu federn, also „durchzuschwingen". Sind die Winkel dagegen sehr steil, wird die Bewegung automatisch unelastischer. Ganz wichtig für das Zustandekommen von Schwung ist schließlich der Rücken des Pferdes, dem hier deshalb auch ein eigenständiger Abschnitt gewidmet wird.

Die optimalen Gelenkwinkelungen der Hinterhand (Zeichnung) umgeben von einer eher steilen Hinterhand (links) und einer gut gewinkelten Hinterhand (rechts).

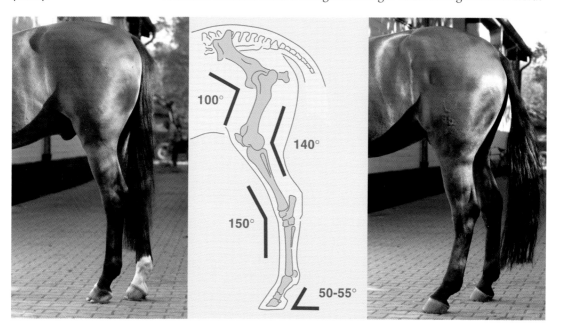

TRAPEZ PFERDERÜCKEN

Als Reiter hat man über ihn den intensivsten und direktesten Kontakt zum Pferd: den Rücken. Und dennoch machen sich viele Reiter zu wenig Gedanken über diesen Kommunikationspunkt, der doch zu den wichtigsten aber – neben dem Maul – auch zu den empfindlichsten gehört. Man isoliere einfach vor seinem inneren Auge einmal den Pferderücken und versuche, sich über seine Bedeutung und verschiedenen Aufgaben klar zu werden. Da ist zum einen der Rücken als Verbindungsstück zwischen Vor- und Hinterhand. Zum anderen ‚hängt‘ an ihm der schwere Rumpf des Pferdes, während der direkte Balance-Gegenspieler zum Rücken der Pferdehals ist und der Kraft-Gegenspieler von den Bauchmuskeln gebildet wird. Außerdem ist der Pferderücken Tragfläche für Lasten – zu denen auch der Reiter gehört. Die Aufgaben eines Pferderückens sind also vielseitig und erfordern deshalb sowohl ein optimales ‚Design‘ als auch eine optimale Pflege. Was das (angeborene) Design angeht, kann man als

Alles oder nichts

„Der Rücken ist das Bewegungszentrum beim Pferd. Ist er locker, geht alles, ist er's nicht, geht nichts."

ALBERT STECKEN,
ehemaliger Vorsitzender des DOKR-Dressurausschusses

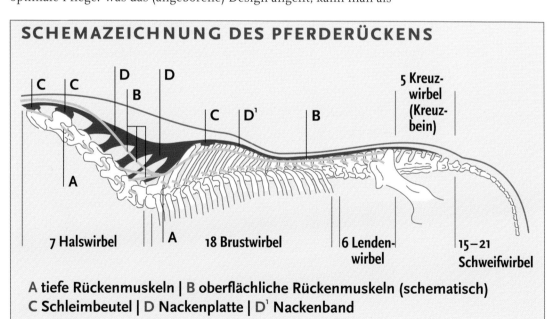

SCHEMAZEICHNUNG DES PFERDERÜCKENS

C C D D B C D¹ B 5 Kreuzwirbel (Kreuzbein)

A

7 Halswirbel A 18 Brustwirbel 6 Lendenwirbel 15–21 Schweifwirbel

A tiefe Rückenmuskeln | **B** oberflächliche Rückenmuskeln (schematisch)
C Schleimbeutel | **D** Nackenplatte | **D¹** Nackenband

Reiter nicht viel machen. Wohl aber, was die Pflege betrifft. Dazu muss man aber so viel wie möglich über die Beschaffenheit und die Arbeitsweise des Pferderückens wissen. Gebildet wird der Rücken von 18 Brustwirbeln, sechs Ledenwirbeln, fünf Kreuzwirbeln (miteinander verknöchert, auch Kreuzbein genannt) und – der Vollständigkeit halber seien sie hier mit erwähnt – 15 bis 21 Schweifwirbeln. Gewölbt ist die Wirbelsäule im Bereich der Sattellage nicht, wie man beim Anblick eines Pferdes glauben könnte, nach unten, sondern nach oben. Die Wirbel sind so angeordnet, dass ihre rückwartigen Dornfortsätze nach oben zeigen, wobei die Dornfortsätze im Bereich des Widerrist wesentlich länger sind als die übrigen.

Zwischen den Wirbel liegen, ähnlich wie beim Menschen, die Bandscheiben, und durch den Wirbelkanal verläuft das Rückenmark. Zusammengehalten wird alles durch Sehnen und Bänder, wobei – eine Besonderheit beim Pferd – sich ein langes Sehnenband vom Schädel über die gesamte Wirbelsäule bis zum Kreuzbein zieht, das so genannte Nackenband des Pferdes. Seine Existenz ist auch zum einen der Grund dafür, dass ein Pferd recht schwere Lasten tragen kann – aber auch, dass Haltungsveränderungen in Teilen der Wirbelsäule den gesamten Rücken extrem beeinflussen können – sowohl negativ als auch positiv.

Zurück zum Schwung. Wie schon erwähnt, ist die schwungvolle Bewegung eines Pferdes unter anderem abhängig von der Winkelung der wichtigen Gelenke, sprich Hinterhand- und Fesselgelenke. Da sich ein Pferd aber nicht – wie zum Beispiel auf einem Trampolin – nur federnd auf und ab, sondern auch noch vorwärts bewegt, muss die Bewegung, die ja von den Extremitäten, sprich Beinen durchgeführt wird, durch den ganzen Pferdekörper zweidimensional durchschwingen können.

Dies geht nur über den Rücken in seiner Verbindungs-Funktion zwischen Vorder- und Hinterhand. Liegen hier Störungen vor, seien es angeborene Rückenschwächen (Senkrücken, Karpfrücken, extrem langer oder extrem kurzer Rücken) oder angerittene Rückenprobleme (unterentwickelte Muskulatur, Muskelverkrampfung, Muskelent-

RÜCKEN-TEST FÜR REITER

Auch ohne die Bandkonstruktion des Pferderückens muss es
eigentlich für jeden Reiter einsichtig sein, dass ein durchhängen-
der Rücken mehr Probleme hat ein Gewicht zu tragen als ein
aufgewölbter Rücken. Machen Sie doch zu Hause einfach mal die
Probe aufs Exempel. Aber bitte nur, wenn Sie nicht bereits an
Rückenschmerzen oder gar Problemen mit den Bandscheiben
leiden! Knien Sie sich auf den Boden, die Oberschenkel bilden
dabei die „Hinterbeine" des Pferdes, Ihre Arme die „Vorderbeine".
Nun lassen Sie Ihren Rücken durchhängen und nehmen dabei
den Kopf in den Nacken (Foto 1). Na, zieht's schon unangenehm?
Wenn sich nun auch noch jemand auf Ihren durchhängenden
Rücken setzen würde, täte es vermutlich richtig weh. Versuchen
Sie das aber nicht, Sie könnten einen ernsten Schaden davontra-
gen! Nun nehmen Sie Ihr Kinn auf die Brust und wölben den
Rücken nach oben (Foto 2). Das fühlt sich besser an und erlaubt
Ihnen nun auch, einen Reiter zu tragen (er muss für diese Übung
ja nicht gerade zwei Zentner wiegen).

zündung, Satteldruck), beginnt das Pferd, sich im Rücken zu verhalten. Der Schwung wird auf diese Weise negativ beeinflusst, wird mitten in der Bewegung abgebremst. Dadurch kommt dann auch der Reiter nicht mehr zum entspannten, elastischen Sitzen, sondern fängt an, sich ebenfalls zu verkrampfen und mit den Beinen zu klemmen. Zwei Bewegungen – die des Reiters und die des Pferdes – arbeiten dann nicht mehr ausbalanciert miteinander, sondern angespannt gegeneinander. Es kommt zu Rückenschmerzen, zumindest beim Pferd. Und wer als Reiter einmal unter Rückenschmerzen gelitten hat, der ahnt vielleicht, wie sehr ein schmerzender Rücken ein Pferd daran hindern wird, sich ungezwungen, motiviert und schwungvoll zu bewegen.

Die Stärkung des Pferderückens muss also, ganz gleich, welcher Rasse ein Pferd angehört, im Vordergrund stehen, um überhaupt Schwungentwicklung zuzulassen. Wird dies vernachlässigt, bewegen sich die Pferde irgendwann stumpf, eilig oder phlegmatisch. Bestes Beispiel sind Barockpferde, die oft viel zu wenig über den Rücken gearbeitet werden. Begeistert von einer vermeintlichen Aufrichtung, die bei diesen Rassen aber zunächst nichts anderes als ein genetisch bedingter Aufsatz ist, lassen sich viele Reiter dazu verleiten, diese Pferde zu früh zu hoch eingestellt zu arbeiten.

Die Folge: Der von Natur aus vor allem bei Friesen manchmal bereits etwas durchhängende Rücken gibt immer weiter nach unten nach, die Hinterbeine werden vermehrt nach hinten herausgestellt, der Schub geht verloren, es entstehen stampfende Bewegungen, Taktstörungen im Galopp und Probleme mit Fleiß und Versammlung.

Die iberischen Barockpferde dagegen haben zwar meist einen kürzeren und damit stärkeren Rücken, doch würde es auch vielen von ihnen helfen, konsequent zunächst nach vorwärts-abwärts gearbeitet und damit in der Rückenmuskulatur gedehnt zu werden. Nur dann können die Hinterbeine weitestmöglich nach vorne untertreten und Schwung statt Stakkato ermöglichen. Bestes Beispiel sind die Pferde der spanischen Dressur-Equipe, die in den letzten Jahren – trainiert nach der Skala der Ausbildung – internationale Erfolge verbuchen.

SCHWUNGKILLERN AUF DER SPUR

Der größte Schwungkiller ist der Reiter. Sicher ein provokanter Satz, aber genauso sicher wohl auch ein wahrer Satz. Denn den Schwung eines Pferdes zu erhalten oder sogar noch zu verbessern, ist eine äußerst schwierige Aufgabe, die nur wenige Reiter richtig beherrschen. Kaum etwas kann man schneller kaputt reiten als den Schwung. Ganz schnell geht es, wenn das Pferd von Natur aus schon über wenig Grundschwung verfügt, etwas länger dauert es meistens bei Pferden mit viel „Gummi". Ein Pferd lediglich an den Zügel zu stellen und Lektionen abzufragen, genügt eben nicht. Es mit feinen Hilfen „zum Tanzen" zu bringen, es – egal ob in L oder S – statt für eine 6,0 für eine 8,0 vorzustellen, das ist die Kunst. Dies erfordert eine Menge reiterliches Know-How, über das nicht jeder verfügt. Trotzdem kann man als Reiter versuchen, zumindest in seinen Grenzen so wenig wie möglich falsch zu machen. Voraussetzung hierfür ist eine gesunde Selbstkritik sowie die Erkenntnis, dass man es seinem Pferd schuldig ist, sich immer weiterzubilden. Dazu gehört guter Unterricht, genauso wie das Wissen um theoretische Zusammenhänge. Schwungkiller, die den Reiter betreffen, basieren näm-

Fürs Foto lässt der Reiter sein Pferd auf der Vorhand auseinander fallen – so entsteht kein Schwung.

Schon ein unpassender Sattel –
dieser hier ist für das Pferd zu
klein und sitzt auch noch nach
links verschoben – kann den
Schwung negativ beeinflussen.

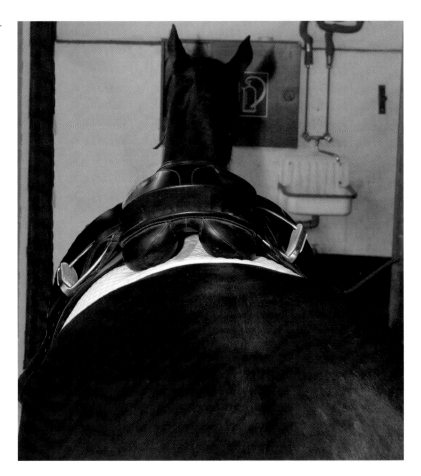

lich – neben mangelndem Können – vor allem auf Unwissenheit.
Zusammengefasst entsteht dadurch ‚falsches Reiten', zum Beispiel:
Anreiten junger Pferde auf Hilfszügeln, häufige Verwendung des
Schlaufzügels, vorhandlastiges Reiten, Lösen bis zur ‚Auflösung',
auseinander fallen lassen, Vernachlässigen der Hinterhandaktivität,
zu enges/zu langes Einstellen des Pferdehalses, Riegeln, Dauerein-
satz von Gerte und Sporen, unelastischer, fehlerhafter Sitz, etc.
Hinzu können noch äußere Umstände kommen wie unpassendes
Lederzeug, unausgewogene Fütterung oder Krankheit, Faktoren, die

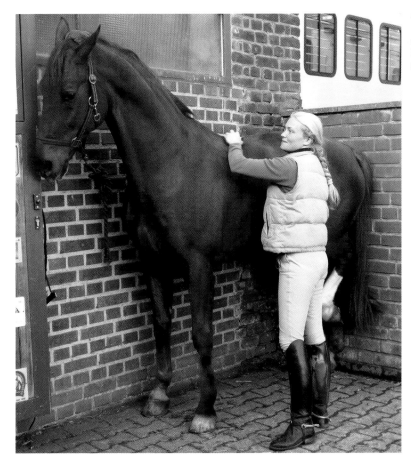

Unzufriedene Reaktionen des Pferdes wie Ohren anlegen oder Ausschlagen beim Putzen können Hinweis auf einen verspannten, nicht schwingenden Pferderücken sein.

bei unerklärlichem Schwungverlust nicht unterschätzt werden sollten. Ein falscher Sattel zum Beispiel wirkt wie ein nicht passender Schuh. Er drückt. Und wer schon einmal in zu kleinen, zu engen oder zu großen Schuhen umhergelaufen ist, weiß vermutlich, was man dann tut: Man versucht, zunächst mit kleinen Änderungen der Zehenhaltung dem Druck zu entgehen. Doch das tut auf Dauer ebenfalls weh. Vielleicht probiert man nun, seine Füße anders aunzusetzen – was allerdings auch nur vorübergehend etwas bringt. Wenn gar nichts mehr geht, macht man eine Pause, zieht seine

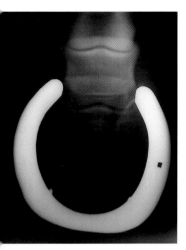

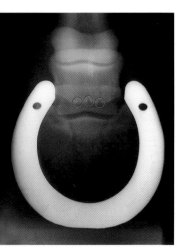

Röntgenbild der Hufrolle: Im oberen Bild ist die Querlinie klar und ohne Einkerbungen (= ohne Befund) erkennbar, im unteren sieht man (durch die Kreise verdeutlicht) kleine Zacken/Kanälchen (= krankhafte Veränderung der Hufrolle).

Schuhe aus, verarztet seine geschundenen Füße und kauft sich bei nächstbester Gelegenheit passendes Schuhwerk. Ein Pferd dagegen muss möglicherweise täglich einen schlecht sitzenden Sattel ertragen. Das Problem dabei ist, dass die Hinweise des Vierbeiners „Hey, der passt nicht" oft nicht oder nicht früh genug erkannt werden. Solche Hinweise sind Unwillen beim Putzen und Satteln, Schweifschlagen beim Satteln, Druckempfindlichkeit der Sattellage, leichte Schwellungen im Schulterbereich und natürlich Satteldruck. All dies sind Signale des Pferdes auf ein Problem im Rücken und sollten sofort ernst genommen werden, da sie sich sonst auch negativ auf die Geschmeidigkeit der Bewegungen und den Schwung auswirken können.

Auch unausgewogene Fütterung kann Einbußen im Schwung verursachen. Ein Pferd, das wie ein Sportler gearbeitet aber nicht wie ein solcher gefüttert wird, fühlt sich unter Belastung schneller körperlich schlapp. Je nach Anforderung muss deshalb ein passender Futterplan angefertigt werden.

Der größte nicht direkt reiterliche Schwungkiller liegt jedoch in Gesundheitsproblemen begründet. Wird der Bewegungsablauf eines Pferdes mit der Zeit immer stumpfer, kann auch ein orthopädisches Problem – in den meisten Fällen eine Hufrollenentzündung – vorliegen. Auch Herz- oder Lungenprobleme können zu Muskelsteife und damit zu schwindendem Schwung führen, ebenso wie Rückenerkrankungen, wobei diese aber wieder – wie schon erwähnt – meist ‚hausgemacht' sind. Ist der Schwungverlust unerklärlich, sollte auf jeden Fall ein Tierarzt zurate gezogen werden. Wenn der jedoch alle Krankheiten ausschließt, ist man wieder als Reiter gefordert. „Was mache ich falsch?" muss dann erneut die Frage lauten.

Falsch ist, wie gesagt, zum Beispiel das Anreiten junger Pferde auf Hilfszügel. Warum? Wir erinnern uns an die ersten drei Punkte der Ausbildungsskala: Takt, Losgelassenheit, Anlehnung. Gerade das junge Pferd hat mit diesen Dingen noch Schwierigkeiten, da es mit dem Reiter auf dem Rücken aus seinem natürlichen Gleichgewicht gekommen ist. Es braucht deshalb, ähnlich einem Hochseilartisten, eine Balancierstange. Und die ist für das junge Pferd der Hals.

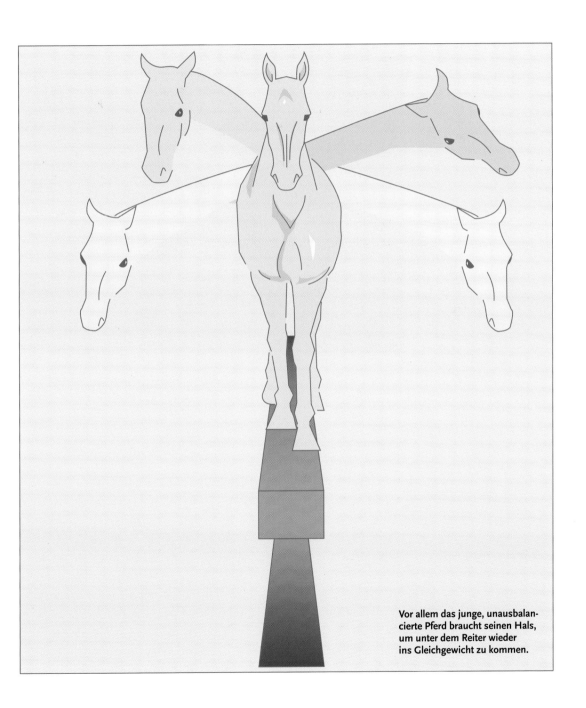

Vor allem das junge, unausbalancierte Pferd braucht seinen Hals, um unter dem Reiter wieder ins Gleichgewicht zu kommen.

Demonstration eines zu eng ein-
gestellten Pferdes: Die Kruppe
kommt zu hoch, der Schwung
geht nicht mehr durch den ganzen Körper.

Indem es ihn vor-, auf- und abstreckt kann es seine Balance wieder-
finden und sich auf die neue Situation einstellen. Spannt man es mit
einem Hilfszügel zu früh in eine vorgegebene Haltung ein und versucht man zu schnell, sein Genick zu kontrollieren, wird es daran
gehindert, seinen Hals zum Ausbalancieren zu benutzen. Stattdessen
lernt es, sich auf dem Zügel abzustützen. Anlehnungs- und Balance-
probleme sind so vorprogrammiert – und damit später auch Einbußen im Schwung.

Falsch ist es auch, wenn ein Pferd zu eng ist, sei es durch Wegkippen
hinter die Senkrechte oder indem es von einer zu hart einwirkenden
Reiterhand zurückgezogen oder zu eng eingespannt wird. In allen
Fällen kann das Pferd den Rücken nicht aufwölben, sondern drückt
ihn mehr oder weniger stark nach unten weg. Die Vorwärtsbewegung
der Hinterbeine endet dadurch zu früh, die Bewegung schwingt
nicht mehr durchs ganze Pferd, sondern bleibt im Rücken quasi
stecken. Geschickte und starke Reiter können dies optisch kaschie-

Das – ebenso falsche – Gegenteil: Das Pferd galoppiert auseinander gefallen, der Rücken hängt durch, die Hinterhand arbeitet nach hinten heraus.

ren, indem sie das Pferd über viel Druck zusammenhalten und, je nach Bewegungsgrundqualität, spektakuläre Tritte und Sprünge, ,herausquetschen', die manche Zuschauer fälschlicherweise für Schwung halten. Richtiger wird diese Haltung dadurch aber nicht, führt sie doch dazu, dass der Rücken auf Dauer geschädigt wird und das Pferd immer undurchlässiger bis hin zu unreitbar wird. Allerdings kann man auch mit dem Gegenteil, dem ,zu lang Reiten', den Schwung eines Pferdes zerstören. Um Schwung zu entfalten benötigt das Pferd eine gewisse Körperspannung, ähnlich einem Turner oder Tänzer. Gibt es diese auf, weil der Reiter es durch falsch verstandene Arbeit vollständig auf der Vorhand auseinander fallen lässt, geht es mit dem Schwung im wahrsten Sinne des Wortes bergab. Da es durch diese Art von Reiten auch zu keinem geeigneten Muskeltraining kommt, verliert das Pferd das, was es an natürlichem Schwung vielleicht noch hatte, wird schlapp und ausdruckslos. Der Schwung also ein unlösbares Reiträtsel? Nicht, wenn man einige Dinge beherzigt.

SCHWUNG ERHALTEN UND VERBESSERN

Nicht im Einklang

„Ein Pferd, welches durch Forcieren in das Gleichgewicht gebracht worden ist, (wird) für den Augenblick in der Dressur vielleicht einen schnelleren Fortschritt gemacht haben, welcher aber nicht in Übereinklang mit seinen körperlichen Fähigkeiten steht und weshalb das Pferd sich in kurzer Zeit wieder wehren und so Anlaß zum neuerlichen Forcieren gibt."

RICHARD WÄTJEN, aus: „Die Dressur des Reitpferdes", Berlin 1922

Wie gesagt, das eine Pferd verfügt von Natur aus über mehr, das andere über weniger schwungvolle Bewegungen. Ein Ziel des Reitens ist es nun, das, was an Schwung bereits da ist, zu verbessern oder zumindest zu erhalten. Das geht nur, wenn man beim Reiten von Anfang an, sowohl beim jungen als auch beim ausgebildeten Pferd, die drei Gundlagen der Ausbildungsskala immer im Blick hat. Darüber hinaus gibt es verschiedene Grundregeln und Lektionen, mit denen man am Schwung arbeiten kann.

Da ist zunächst das richtige Tempo gefragt. Schwung heißt nicht schnell. Um schwingen zu können, muss das Pferd seinen Rücken aufwölben, was, wie bereits erwähnt, zunächst nur geht, wenn es seinen Hals fallen lässt. Überpaced der Reiter vor allem im Trab das Tempo, reagiert das Pferd im Allgemeinen mit schnelleren Bewegungen der Beine. Dies hindert es daran, seine Bewegung durch den ganzen Körper schwingen zu lassen. Denken Sie an ein Pendel oder eine Kinderschaukel. Auch hier entsteht erst Schwingung, wenn ruhige Bewegungen ausgeführt werden und nicht, wenn man hektisch schüttelt.

Wird der Bewegungsimpuls aber zu lasch, zu uneindeutig, verlieren auch das Pendel und die Schaukel ihren Schwung – ebenso wie das Pferd. Letzteres „fällt auseinander", der natürliche Schub, also das weitere Vorfußen der Hinterbeine, leidet. Die Entwicklung und Verbesserung dieser Schubkraft verbessert gleichzeitig auch den Schwung eines Pferdes. Erforderlich ist also beim Traben und Galoppieren ein eindeutiger Vorwärts-Impuls, der einen ruhigen, aber dennoch fleißigen Rhythmus erlaubt. Der Schub muss dabei aus der weiter vortretenden Hinterhand kommen.

Nun gibt es wieder Pferde, die von Natur aus aktive Hinterbeine mitbringen, andere sind da eher ein wenig faul, sei es aufgrund mangelnder Körperspannung oder aufgrund von anatomisch weniger günstigen Hebelverhältnissen. Die wenigsten Pferde sind von den Ohrspitzen bis zum hinteren Hufrand 100-prozentig fehlerlos

Auch durch das Reiten „halber Tritte" – hier die Autorin auf einer siebenjährigen Stute – lässt sich die Kraft der Hinterhand und damit der Schwung verbessern.

und optimal gebaut, die meisten haben irgendwo ein Problem. Das heißt aber nicht, dass man sich als Reiter immer damit herausreden kann. Vielmehr gilt es, Schwächen zu erkennen und mit gezielten Übungen Abhilfe zu schaffen. Zwar ist es unmöglich, den Knochenapparat des Pferdes zu verändern, wohl aber seinen Muskelapparat. Richtiges Reiten ist nichts anderes als Muskeltraining fürs Pferd. Kraft und Geschmeidigkeit sollen gefördert werden. Nur mit einer gut aufgebauten Muskulatur an den richtigen Stellen ausgestattet, kann ein Pferd die ihm gestellten Aufgaben kräfteschonend lösen. Hilfreich sind hier wieder, bezogen auf den Schwung aber auch auf allen übrigen Punkten der Ausbildungsskala, halbe Paraden. „Übergänge üben" sollte das Dauermotto eines jeden Reiters sein. Durch korrekt gerittene Übergänge (Tempiwechsel, Gangartenwechsel, ganze Paraden) wird das Pferd immer wieder dazu gehalten, mit seinen Hinterbeinen vermehrt unter das Reitergewicht zu treten und dabei seinen Rücken aufzuwölben – Voraussetzung für den Schwung.

LEKTIONEN / ÜBUNGEN ZUR SCHWUNGVERBESSERUNG

TRAB: Übergänge (Zulegen-Einfangen, Trab-Halt-Trab, Trab-Schritt), Aufnehmen-Zureiten (vor jeder Ecke, jedem Zirkelpunkt oder auch nur so zwischendurch), Volten.
GALOPP: so wie im Trab.
Außerdem sämtliche Übungen der Grundausbildung.
Bei weiter ausgebildeten Pferden kann man später noch Schulter vor, Schulter herein und halbe Tritte im Trab hinzunehmen.

SCHWUNG-TEST

Ob ein Pferd schwingt, nur daherlatscht oder spektakuläre aber verspannte Tritte zeigt, lässt sich am besten bei den Übergängen in und aus den Verstärkungen und den Verstärkungen an sich testen. Ein sich wirklich schwungvoll bewegendes Pferd wird 1. bei der Aufforderung zur Verstärkung „ziehen" (d.h. sich nicht erst durch Sporenstiche und Gerteneinsatz „bitten" lassen), es bleibt dabei 2. an den Hilfen und dehnt sich lediglich ein wenig vermehrt an die Hand heran (Rahmenerweiterung) und es lässt 3. bequem sitzen, da seine Hinterbeine weiter unter den Schwerpunkt treten und den Reiter mitschwingen lassen. Vor allem bei Trabverstärkungen kann man dies ganz deutlich fühlen. Ist hier der Schwung nicht ‚echt', wird es im Sattel meistens ziemlich unbequem.
Auch beim Zurückführen aus den Verstärkungen wird sich das schwungvoll trabende beziehungsweise galoppierende Pferd leichter tun, weil es seine Hinterhand vermehrt nach vorne durchschwingt – eine der Voraussetzungen für die erforderliche Durchlässigkeit bei Übergängen.

GERADERICHTUNG GARANTIERT

Sie steht erst an fünfter Stelle der Ausbildungsskala und ist auch ein bisschen unspektakulär: die Geraderichtung. Dabei ist sie, genauer betrachtet, nicht nur für das Fortkommen im Rahmen der Ausbildung ungeheuer wichtig, sondern auch für die Gesunderhaltung des Pferdes. Und es ist alles andere als einfach, ein Pferd so zu arbeiten, dass es tatsächlich auf beiden Händen gleich gymnastiziert ist, dass es gerade wird.

Ein geradegerichtetes Pferd fußt spurgenau und kommt auch, wie hier demonstriert, gerade in eine Galopp-Pirouette hinein.

WOHER KOMMT
DIE NATÜRLICHE SCHIEFE?

Jedes Pferd hat – ähnlich wie auch ein Mensch – eine gute und eine
weniger gute oder sogar schlechte Seite. Während das Links- und
Rechtshändertum bei Menschen etwas mit dem Gehirn, vor allem
dem Kleinhirn ,zu tun hat, liegt die Ursache für die unterschiedliche
körperliche Geschmeidigkeit beim Pferd, da ist man sich heute
sicher, in der Lage des Fohlens im Mutterleib begründet.
Je nachdem ob ein Fohlen die Monate der Tragezeit in Links- oder
in Rechtskrümmung verbracht hat, verkürzt sich die Rückenmuskulatur seiner jeweiligen ,inneren' Seite, während die Muskeln der
gegenüberliegenden ,äußeren' Seite ständig gedehnt werden. Kein
Wunder also, dass sich diese unterschiedliche Muskeldehnung auch
nach der Geburt nicht so ohne weiteres von selber ausgleicht.
Die meisten Fohlen sind nach links gebogen. Untersuchungen der
Universität Lüttich haben ergeben, dass 72 Prozent aller Fohlen so
im Mutterleib liegen und ihnen später Bewegungen nach links leichter fallen als nach rechts. Bei der Geburt ist sogar die Wirbelsäule
des Fohlens minimal in eine Richtung – meist eben nach links – ver-
bogen, selbst die Mähne fällt im Allgemeinen auf die gedehnte, also
auf die rechte Seite.
Man spricht – ein wenig irritierend – von ,rechtsseitig schiefen'
Pferden. Diese natürliche Schiefe kann sich in den ersten Lebens-
monaten des Pferdes noch verstärken: Die Fohlen setzen beim
Grasen meist einen bevorzugten Huf vor, rechtsseitig schiefe meist
den linken. Auch drehen sie sich gewöhnlich in eine bevorzugte
Richtung.
All das, verbunden mit wenig artgerechter Haltung (z.B. intensive
Boxenhaltung schon in der ersten Lebensphase, wenig Freilauf
auf großen Weideflächen), manifestiert die natürliche Schiefe, die
Fohlen beginnen, nicht mehr spurgenau zu treten, sondern mit der
Hinterhand leicht seitlich versetzt aufzufußen – Grundlage unter
anderem auch für eine unterschiedliche Ausprägung der Hinter-
handmuskulatur und damit für spätere Probleme unter dem Reiter.

SCHIEF GERITTEN UND GEZOGEN

Was an natürlicher Schiefe dem Fohlen mit auf den Weg gegeben wurde, erfährt seine negative Verstärkung oft durch den Reiter. Denn auch die meisten Menschen haben sowohl kognitiv als auch körperlich eine stärkere und eine schwächere Seite. Wirkt der Reiter nun – zunächst unbewusst durch seine unterschiedliche ‚Händigkeit', dann bewusst durch einseitiges Ziehen und Zerren oder auch bevorzugtes Reiten auf der „besseren" und damit einfacheren Hand – auf das an sich schon schiefe Pferd ein, verschlimmert sich häufig dessen Schiefe. Seitliches Ausweichen der Hinterhand, neben der Spur treten sowie im Genick verwerfen sind ebenso die Folge wie einseitig auftretende, meist schmerzhafte Muskelverhärtungen, die wiederum zu Widersetzlichkeit des Pferdes führen. Der Reiter straft und zieht, das Pferd wird schief und schiefer – ein Teufelskreis, der die Rittigkeit beeinträchtigt, den Ausbildungsfortschritt hemmt und sogar zu ernsthaften Gesundheitsschädigungen beim Pferd führen kann.

Für einen weniger erfahrenen Reiter ist es enorm schwierig, sich selbst und das Pferd so zu kontrollieren, dass die natürliche Schiefe nicht noch durchs Reiten verschlimmert wird. Es ist vollkommen verständlich, dass man als Reiter auf der Seite stärker zieht, auf der das Pferd sich schlechter stellen und biegen lässt – aber es ist leider meistens auch vollkommen falsch.

Selbst erfahrene Reiter können nicht in jeder Situation erfühlen, ob ihr Pferd gerade spurt. Aus diesem Grund ist es wichtig, mehr oder weniger regelmäßig mit einem guten Ausbilder zusammen zu arbeiten, der vom Boden aus viel genauer sehen kann, ob sich ein Pferd spurgenau bewegt oder nicht und der die verständlichen aber falschen Reaktionen des Reiters verhindert und stattdessen Lösungen bereitstellt.

Überhaupt ist das Reiten unter fachkundiger Anleitung sinnvoll, da kleine Mängel und Unsicherheiten so viel besser im Keim erstickt werden können und sich der Ausbildungsfortschritt schneller einstellt.

Eine unterschiedliche Ausprägung der Muskulatur lässt Pferde schief auffußen.

PROBLEME DURCH DIE SCHIEFE

Stellen Sie sich vor, Sie gehen unbewusst immer ein wenig schief, vielleicht mit seitlich geneigtem Kopf und hängender Schulter. Und Sie haben auf dieser Seite früher auch immer die schwere Schultasche getragen und wuchten heute damit die vollen Einkaufskörbe nach Hause. Wochen, Monate, Jahre. Doch plötzlich entdecken Sie das Bodenturnen für sich und sollen mit einem Mal gerade aufgerichtet nicht nur gehen, sondern auf den Füßen springen, federn und hüpfen, auf den Händen stehen, Salti drehen und sonstige Kunststücke erlernen. Sie werden sehen, die schiefe Schulter lässt sich nicht so schnell gerade richten. Sie ist nämlich mehr als eine dumme Angewohnheit. Nicht nur die Schultermuskulatur hat sich im Laufe der Zeit auf diese Haltung eingestellt, auch die Nackenmuskulatur hat sich einseitig verkürzt, die seitlichen Zwischenrippenmuskeln ebenso, und vermutlich ist durch die schiefe Haltung auch das ‚innere‘ Bein stärker belastet worden. All das stört nun das Erlernen der neuen Bewegungsabläufe, die nur optimal klappen können, wenn sie gleichmäßig ausgeführt werden. Ein Salto vorwärts oder rückwärts in seitlicher Schieflage könnte sonst zur Bruchlandung führen.

Eine solche Bruchlandung, wenn auch nicht so direkt bemerkbar, erlebt auch, wer bei der Ausbildung eines Pferdes die Geraderichtung vernachlässigt.

Natürlich kann man auch ein schiefes Pferd irgendwie versammeln, doch werden seine Lektionen nie die Qualität eines gerade gerichtet versammelten Pferdes haben. Die sich unterschiedlich ausprägende Muskulatur eines schief fußenden Pferdes bildet ja auch unterschiedliche Kraft und Geschmeidigkeit aus, die betroffenen Gelenke unterschiedliche Beweglichkeit.

Ein in sich schiefes Pferd wird Probleme haben:

- ▸ mit dem korrekten Halten (meist ein Bein vor- oder zurückgestellt);
- ▸ mit dem gleichmäßigen Durchschwingen im Trab;
- ▸ mit dem gleichmäßigen Durchsprung im Galopp;

Auf dem Weg zur Geraderichtung: die Hufe treten bereits
fast spurgenau, Genick und
Rumpf sind noch minimal
nach links (vom Betrachter aus)
verschoben.

Foto links: Beim turnier-
erfahrenen Pferd gibt
seitliches Ausweichen
Abzug.
Foto rechts: Typisches
„offenes" Halten eines
jungen, noch nicht ganz
geradegerichteten Pfer-
des.

▸ mit dem Durchs-Genick-Gehen;

▸ mit der Lastaufnahme;

▸ mit Biegungen (Volten, Zirkel, Schlangenlinien);

▸ mit dem Gleichmaß bei Seitengängen;

▸ mit Hinterhandwendungen/Kurzkehrts/Galopp-Pirouetten;

▸ mit fliegenden Wechseln/Tempiwechseln;

▸ mit Piaffe und Passage;

▸ mit der Durchlässigkeit allgemein.

So viel zu ,Schiefe und Ausbildung'. Doch die nicht korrigierte und
womöglich noch verstärkte Schiefe hat noch weitere, weitaus schlim-
mere Auswirkungen. Sie betreffen die Gesundheit des Pferdes beziehungsweise seinen Verschleiß. Schon die natürliche Schiefe hat
zur Folge, dass sich das Pferd muskulär nicht vollkommen gleich
entwickelt. Dieses Ungleichgewicht führt zu einer manchmal kaum
bemerkbaren Verschiebung der Körperachse und damit auch zu
leicht schiefen Bewegungen. Die Hinterhufe eines schiefen Pferdes

spuren nicht deckungsgleich mit den Vorderhufen. Dadurch werden, fast unmerklich, auch die Gelenke ungleich belastet und somit auch ungleich abgenutzt. Bei ausgeprägter Schiefe lässt sich diese körperliche Fehlentwicklung an der unterschiedlichen Ausprägung der Muskulatur (vor allem Hals, Schulter, Rücken, Hinterhand) und sogar an den Hufen erkennen. So haben Untersuchungen ergeben, dass rechtsschiefe Pferde meist einen etwas größeren, flacheren linken Huf haben und dass sich das Hufhorn stärker abnutzt (bei linksschiefen Pferden entsprechend umgekehrt). Diese unterschiedliche Ausbildung des Hufes führt ebenfalls wieder zu vermehrter Belastung der betroffenen Gelenke und somit zu verstärktem Verschleiß. Kommt zu der natürlichen nun noch die angerittene Schiefe hinzu, addieren sich die negativen Auswirkungen. Das Pferd wird nicht nur einseitig immer unrittiger, es wird auch anfälliger für Muskelverhärtungen, Sehnenprobleme und Gelenkerkrankungen.

Schlüsselpunkte

„Die Losgelassenheit, als Voraussetzung für jedwede zielgerichtete Arbeit, und die Geraderichtung, das sind für mich die Schlüsselpunkte der Ausbildung. Wenn sie fehlen, gibt's immer ein Knacken im Gebälk – kurzfristig leistungsbegrenzend, mittel- und langfristig gesundheitsschädigend fürs Pferd."

HANNES MÜLLER, Leiter der Dt. Reitschule in Warendorf

IN DER SPUR – UNMÖGLICH?

Zur natürlichen und zur angerittenen Schiefe kommt noch, allerdings wesentlich seltener, die medizinisch indizierte Schiefe hinzu. So wie Menschen an Hexenschuss oder steifem Nacken leiden können, so ist es auch möglich, dass ein Pferd plötzlich vermehrt schief ist und sich partout nicht mehr zu einer Seite stellen lässt. Vor allem, wenn dies bis dato keine Schwierigkeiten bereitet hat, könnte die Ursache tatsächlich in einem gesundheitlichen Problem liegen. Kleine Wirbelverschiebungen, Gelenkblockaden (zum Beispiel Schulter, Kreuzdarmbeingelenk, Hüfte) aber auch Zahnprobleme, Genickbeulen sowie neurologische oder orthopädische Erkrankungen (zum Beispiel Hufrolle) können dazu führen, dass ein Pferd einseitig fest und in sich schiefer wird.

Hat ein Pferd beispielsweise Haken auf den Zähnen, also spitze Kanten, die durch ungleichen Abrieb beim Kauen entstehen und neben Problemen bei der Futteraufnahme auch zu schmerzhaften

Reiter als Ursache

„Gewöhnlich wird die Ursache des Schlechtgehens oder Capricioswerdens der Individualität des Pferdes zugeschrieben; selten, beinahe nie wird sie in der eigenen Reiterei oder den angewandten Bändigungsmitteln gesucht, und doch ist sie da allein – und zu beseitigende organische Fehler ausgenommen – zu finden."

RUDOLF BRUDERMAN,
K.K. Rittmeister,
aus: „Abrichtung des Champagnepferdes im Freien", Wien 1843

Verletzungen des Zahnfleisches führen können, ist es nicht verwunderlich, wenn sich das Pferd dem Druck des Zügels durch Schiefstellen des Kopfes und Verkanten des Genickes entzieht. Bemerkt der Reiter die Ursache zu spät und wirkt stattdessen immer mehr mit der Hand ein, um sein Pferd wieder gerade zu „ziehen", wird sich das Problem auf Hals- und Rückenmuskulatur ausweiten und zu einseitigen Verspannungen und damit zu verstärkter Schiefe des ganzen Körpers führen.

Auch Wirbelverschiebungen und Gelenkblockaden sind oft eine Folge von falschem Reiten, können aber auch durch Festliegen oder eine ungeschickte Bewegung beim Herumtollen entstehen. Wer langfristig oder plötzlich auftretende, unerklärliche Probleme mit der Geraderichtung seines Pferdes hat, sollte auf jeden Fall einen erfahrenen Experten (Tierarzt, Physiotherapeut, Osteopath, Akupunkteur) zurate ziehen und eine gründliche Untersuchung durchführen lassen.

Handelt es sich ‚nur' um muskulär begründete Gelenkblockaden, darf man aber nicht den Fehler begehen zu glauben, mit ein bisschen Renken sei alles getan. Ein guter ‚Renker' kann niemals gutes Reiten ersetzen – und schlechtes Reiten auch nicht unschädlich machen. Ein schlechter Renker dagegen kann mehr schaden als helfen und dem Pferd ernsthafte Verletzungen beibringen.

In der Praxis kann man beobachten, dass Anfänger reiterliche Probleme oft auf sich selbst beziehen (womit sie im Allgemeinen auch richtig liegen). Viele Reiter mittleren Niveaus neigen dagegen dazu, reiterliche Schwierigkeiten auf den Sattel, das Gebiss, den Reitlehrer, die Fütterung, das Wetter oder eben auf Wirbel- oder Gelenkblockaden ihres Vierbeiners zu schieben und selten auf ihre eigenen reiterlichen Fehler. Die Frage „Mache ich vielleicht etwas falsch, und wenn ja, was?" ist offenbar unbeliebt. Stattdessen werden Heerscharen von selbst ernannten Sattelexperten, Renkern, Futterberatern, Naturheilkundlern, Kinesiologen oder gar Wunderheilern konsultiert und teuer bezahlt. Die gleichen Mühen und Investitionen in guten Unterricht brächten manchmal sicher größere und vor allem nachhaltigere Verbesserungen.

WAS TUN, WENN DAS PFERD NICHT GERADE IST?

Wie schon erwähnt, sind alle Pferde bereits zu Beginn ihrer Ausbildung mehr oder weniger schief. Hat diese Schiefe keine krankhaften Ursachen, kann man ihr durch richtiges Reiten entgegenwirken. Dazu gehört zum einen das Vorwärtsreiten, zum anderen verschiedene Lektionen. Die einfachste ist hier zu Anfang der Ausbildung das Reiten auf großen gebogenen Linien abwechselnd links und rechts herum. Dies fördert die Geschmeidigkeit auf beiden Händen und dehnt – je nach Biegungsrichtung – die leicht verkürzte Musku-

Schulter vor (Foto links) und Schulter herein (Foto rechts) sind Lektionen, die zur Geraderichtung des Pferdes beitragen.

latur, während es die schwächere Muskulatur der Gegenseite stärkt. Mit dem Verlauf der Ausbildung und der größer werdenden Tragkraft von Rücken und Hinterhand können die Bögen später kleiner geritten werden.

Ebenfalls hilfreich auf dem Weg zur Geraderichtung sind sämtliche Arten von Seitengängen. Während mit jüngeren Pferden ausschließlich Übertreten in Form von Schenkelweichen oder Viereck verkleinern und vergrößern geritten wird, kann man später Schulter vor, Schulter herein, Travers und Renvers hinzunehmen. Vor allem das Schulter vor, eine Vorstufe zum Schulter herein, hilft dem Pferd, gerade zu spuren. Es wird, im Gegensatz zum Schulter herein, ohne Biegung, sondern nur in leichter Stellung geritten bei nur leicht nach innen geführter Pferdeschulter. Neigt ein Pferd im Schulter

Tipp gegen die Schiefe

Oberst Waldemar Seunig (1887-1976), einer der ganz Großen der Reitkunst, gab einmal folgenden Tipp für die Geraderichtungs-Arbeit von rechtsschiefen Pferden (für linksschiefe muss die Übung entsprechend auf der anderen Hand geritten werden): „Lebhafter Arbeitstrab auf dem Zirkel. Linke Hand. Linker Zügel auf den sich die ausfallende linke Schulter stützen möchte, ganz locker. Rechter Zügel weich, aber zäh am Maul bleibend, selbst auf die Gefahr hin, daß man lange Viertelstunden eine verkehrte Kopfstellung in Kauf nehmen muß. Der linke Schenkel treibt, knapp hinter dem Gurt erweiternd (und dadurch die rechte Schulter vor das rechte, ausweichende Hinterbein richtend) nach außen, bis sich das Pferd an den äußeren, bisher zu lockeren Zügel herandehnt und damit von sich aus die erstrebte gleichmäßige Anlehnung herstellt. Dann geht man durch Wechsel auf den Zirkel rechter Hand, macht so den rechten Hinterfuß zum inneren und sucht ihn in der gewonnenen Geraderichtung zu erhalten. Das erreicht man, indem man den inneren, rechten Vorderfuß durch Schulterführung (mit beiden Händen die Schultern taktmäßig nach innen drücken) vor den gleichseitigen Hinterfuß richtet."

aus: Waldemar Seunig: „Am Pulsschlag der Reitkunst", Heidenheim 1961

Auch durch Außengalopp – vor allem beim Durchreiten der Ecken – lässt sich ein Pferd gut geraderichten.

„Doppeltes" Schiefeproblem: das junge Pferd spurt nicht gerade und weicht dem Einfluss der Reiterhand durch starkes Verwerfen aus.

herein dazu, sich der korrekten Biegung und Stellung durch Verwerfen im Genick zu entziehen, hilft es meist, den Schritt zurück
zum Schulter vor zu machen. Erst wenn es wieder in sich gerader
und gleichmäßig an beide Zügel herantritt, sollte das Schulter
herein abgefragt werden.

Eine wichtige Lektion auf dem Weg zur Geraderichtung ist auch
der Außengalopp auf gebogenen Linien, der, auch wenn ein Pferd
vielleicht schon wunderbar die fliegenden Galoppwechsel beherrscht, immer wieder in die Arbeit eingebaut werden sollte. Er
hilft dem Pferd, gerader und damit besser unter seinen Schwerpunkt
zu spuren, Voraussetzung für alle späteren Galopplektionen.

Besonders gut – und trotzdem oft vergessen – ist die Ausnutzung
des zweiten Hufschlages. Besonders jüngere Pferde neigen dazu,
sich an die Bande zu „lehnen", sich an ihr zu orientieren. Beim
Anreiten roher Pferde kann das durchaus hilfreich sein, sobald sie
aber halbwegs ihr Gleichgewicht wiedergefunden haben, sollte man
sich immer mal wieder vom Hufschlag lösen. Als Reiter ist man
dabei gezwungen, viel klarer und gleichmäßiger mit beiden Schenkeln und auch Händen nach vorwärts einzuwirken. Diesbezügliche
Nachlässigkeiten oder fehlerhaft einseitiger Druck fallen auf dem
zweiten Hufschlag viel schneller auf und sind dann auch schneller
wieder abzustellen. Auch wenn das Pferd schief tritt, ist es auf dem
zweiten Hufschlag besser möglich, es vorübergehend nach links
oder rechts übertreten zu lassen oder es kurz in Gegenrichtung
zu stellen – alles Hilfsmittel für das Geraderichten. Selbst mit ausgebildeten Pferden sollte das Reiten „ohne Bandenanlehnung" öfters
eingebaut werden.

Als eine Komplikation auf dem Weg zur Geraderichtung kann das
‚im Genick-Verwerfen' angesehen werden. Dazu neigen auf der
einen Seite Pferde, die ein schweres Genick und enge Ganaschen
haben, auf der anderen Seite aber auch solche, deren Körperschiefe
nicht erkannt oder aber nicht abgestellt wurde und bei denen der
Reiter stattdessen versucht, mit bloßer Handeinwirkung sein Ziel
zu erreichen. Da solche Pferde aber nicht gerade und gleichmäßig

LEKTIONEN/ÜBUNGEN FÜR DIE GERADERICHTUNG

Vorwärts reiten auf zunächst großen, dann kleiner werdenden gebogenen Linien (Zirkel, Schlangenlinien, Volten, Achten), häufige Handwechsel, Übertreten lassen im Schritt und Trab (an der offenen Zirkelseite), Schulter vor, einfache Galoppwechsel, Außengalopp, Zirkel vorübergehend in Konterstellung, häufiges Reiten auf dem zweiten Hufschlag.

von hinten nach vorne an das Gebiss treten, weichen sie dem so entstandenen ungleichen Druck auf ihren Unterkiefer aus, indem sie ihren Kopf vor allem in Wendungen ein wenig seitlich halten, sich also im Genick verwerfen. Zu erkennen ist diese Fehlhaltung auch am unterschiedlichen Höhenniveau der Ohren. Die in einer Wendung jeweils innere Ohrspitze ist ein wenig tiefer als die äußere.

In solchen Fällen muss der Reiter wieder vermehrt vorwärts reiten, außerdem in der Wendung den jeweiligen äußeren Zügel etwas mehr vorgeben, wechselnde Biegungen (Schlangenlinien, Achten) reiten und gegebenenfalls im Training in der Wendung einen Augenblick in Konterstellung arbeiten. Das Problem des Verwerfens kann auf Dauer nur gelöst werden, wenn die Geraderichtung des gesamten Pferdekörpers von hinten nach vorne gelingt, da nur so das Pferd in die Lage versetzt wird, gleichmäßig ans Gebiss zu treten und so auf beiden Unterkieferseiten den gleichen (leichten) Druck zu verspüren.

GERADERICHTUNGS-TEST

Zur Überprüfung der Geraderichtung helfen am besten optische Hilfsmittel, wie der Spiegel. Reiten Sie in Schritt, Trab und Galopp auf den Spiegel zu und kontrollieren Sie dabei, ob das Pferd gerade geht, oder seitlich spurt. Oder schauen Sie sich die Spuren im (frisch geschleppten) Sandboden an, sowohl auf gerader Linie als auch in Volten. Ist das Pferd gerade gerichtet, spurt es in oder auf gleicher Linie über die Hufspuren der Vorderbeine. Ist es in sich schief, spurt es mehr oder weniger stark daneben.

VERSAMMLUNG UND IHRE GRUNDLAGE

In höchster Versammlung scheinbar schwerelos ohne jegliche Anstrengung die schwierigsten Lektionen zu reiten, davon träumt so mancher Reiter. Doch der Weg zur Versammlung ist weit und nur Schritt für Schritt möglich. Nicht alle Reiter werden hier mit ihrem Pferd ans Ziel kommen, werden jemals korrekte Piaffen, Passagen oder Pirouetten oder auch nur gut getragene, kadenzierte Versammlungen in Trab oder Galopp präsentieren können. Aber das muss auch nicht sein. Der Weg dahin kann, wie oft zitiert, bereits das Ziel sein. Denn er trainiert das Pferd, seine Muskeln, seine Ausdauer, seine Kraft. Erst dadurch wird das Pferd befähigt, auf kleinste Reiterhilfen zu reagieren, sei es auf L- oder auf Grand Prix-Niveau. Sehr oft sieht man Pferde, die scheinbar versammelt gehen, die beim genaueren Hinsehen aber eingeschraubt sind zwischen feste Reiterhand und quetschenden Schenkel, unterstützt manchmal noch

Die Piaffe stellt die höchste Form der Versammlung dar.

durch rhythmische Gertenschläge oder hackende Sporen. Das jedoch hat mit echter Versammlung nichts zu tun. Ein wirklich versammeltes Pferd macht es seinem Reiter leichter, ist bequem zu sitzen und reagiert auf feine Hilfen, da es ausbalanciert sein Gewicht mehr mit der Hinterhand trägt. Um dies überhaupt möglich werden zu lassen, müssen sämtliche Punkte der Ausbildungsskala zumindest in Ansätzen erreicht sein. Ein verspanntes Pferd zum Beispiel kann nicht echt versammelt gehen. Man kann es zwar bremsen, ein starker Reiter kann es auch geschickt durch eine Prüfung manövrieren, doch wird sich dabei die Rückenmuskulatur des Pferdes auf Dauer mehr und mehr verhärten. Die Folge: der Schwung geht verloren, es kommt zu Takt- und Anlehnungsfehlern. Ähnliches passiert, wenn das Pferd noch nicht sicher in der Anlehnung oder wenn es in sich noch sehr schief ist. In beiden Fällen kann es dem Reiter nicht gelingen, die Hinterhand vermehrt und gerade unter den Körperschwer-

Fürs Foto demonstriert die Reiterin eine „falsche" Versammlung: vorne eng gezogen, „mehr Pferd" hinter der Reiterin.

punkt zu bringen – Voraussetzung für das so wichtige Aufwölben
des Rückens bei gleichzeitigem Höhertragen des Halses. Wer an versammeltes Reiten denkt, sollte deshalb immer wieder die übrigen
Punkte der Ausbildungsskala kontrollieren. Gibt es bei einem oder
gar mehreren Problemen, stellt man die Versammlung am besten
eine Zeit lang hinten an und konzentriert sich stattdessen wieder auf
die Grundlagen. Erst dadurch baut sich nach und nach die Kraft auf,
die das Pferd für versammelte Tempi benötigt. Am Beispiel eines
jungen, gerade angerittenen Pferdes, kann man ganz gut sehen, dass
Versammlung ohne Gymnastizierung und Muskelkraft gar nicht
möglich ist. Versucht man nämlich, ein solches Pferd versammelt zu
traben oder zu galoppieren, wird es vermutlich Taktschwierigkeiten
bekommen, versuchen davonzueilen und sich gegen die Hand
wehren oder ausfallen. Das Pferd ist in dieser Phase der Ausbildung
noch gar nicht körperlich in der Lage, Versammlung zu halten.

Bei korrekter Versammlung hat
ein Reiter sein Pferd „vor" sich.

VERSAMMLUNGSFÄHIGKEIT

Ob sich ein Pferd leichter oder schwerer versammeln lässt, hängt von verschiedenen Faktoren ab. Einer davon ist die Anatomie des Pferdes. Denn um sich zu versammeln, muss das Pferd in der Lage sein, hinten Last aufzunehmen. Das geht aber nur, wenn sich die Hinterhand senken kann. Voraussetzung dafür ist wiederum ein gutes Winkelverhältnis der einzelnen Hinterhand-Gelenke, das heißt Hüft-, Knie-, Sprung- und Fesselgelenk.

Vermehrte Lastaufnahme geht immer mit einem Anwinkeln der Gelenke einher, ein Phänomen, das sich auch bei Menschen, im Extremfall bei Gewichthebern während des Hochstemmens, beobachten lässt. Stehen beim Pferd die Gelenke der Hintergliedmaßen bereits in einem günstigen Winkel zueinander, wird weniger Arbeit beim weiteren Anwinkeln nötig, die Lastaufnahme gelingt einfacher.

Ein günstiges Exterieur ist Voraussetzung für eine, schon beim jungen Pferd erkennbare, gute Versammlungsfähigkeit.

Kommt dann noch ein relativ kurzer Rücken hinzu, hat das Pferd
mit der Versammlung meistkeine großen Schwierigkeiten. Bestes
Beispiel sind barocke Pferde, allen voran Andalusier oder Lusitanos,
die eigens für spektakuläre versammelte Lektionen gezüchtet wurden, allerdings zulasten großer, raumgreifender Bewegungen.
Egal allerdings ob kurz, ob lang, ob gut oder schlecht gewinkelt –
die Versammlung zu erarbeiten und sie jederzeit abrufbar zu
machen ist Aufgabe des Reiters. Man stelle sich vor, die Hinterhand
eines Pferdes bestünde aus mehreren Spiralfedern. Je enger die einzelnen Windungen der Spiralen zusammenliegen, desto weniger
Aufwand benötigt man, sie zusammenzupressen. Die Folge dieses
Zusam-menpressens beim Pferd: die Hinterhand scheint für einen
Moment kleiner zu werden, das Pferd scheint sein Körpergewicht
und das des Reiters mehr mit der Hinterhand zu tragen – ähnlich
einem Menschen, der leicht in die Knie geht und einen Teil seines

Das ausgebildete Pferd trägt
sein Gewicht mehr auf der
Hinterhand, scheint „bergauf"
zu traben. Hier könnte die Stirnlinie noch ein wenig mehr nach
vorne kommen.

Körpergewichtes mit der Kraft seiner Oberschenkelmuskulatur abfängt. In dem Moment, in dem die ‚Spiralfedern‘ wieder aufschnellen, wird der gesamte Körper des Pferdes vermehrt nach oben bewegt, der Moment der Schwebephase verlängert sich ein wenig. Es entsteht Kadenz – in der Vollendung in Form der Passage.

Je weiter jedoch die Windungen der ‚Spiralfeder Hinterhand‘ auseinander liegen, desto mehr Kraftaufwand ist nötig, sie zusammenzudrücken. Diese Kraft soll der Reiter allerdings nicht über rüdes Reiten ausüben, sondern durch entsprechende Arbeit dem Pferd antrainieren. In Dressurpferdeprüfungen (ab L) wird deshalb auch noch keine vollendete Versammlung gefordert, sondern – gemäß der Jugend der Pferde – nur von der Versammlungsfähigkeit gesprochen und diese entsprechend beurteilt.

TRAGKRAFT VERBESSERN

Bleiben wir beim Beispiel der Spiralfedern. Es gilt also, sie geschmeidig und auf Spannung zu halten. Das gelingt aber nicht, wenn man Versammlung mit langsam reiten verwechselt. In der Versammlung geht es nicht in erster Linie um vermindertes Tempo, sondern um vermehrte Erhabenheit. Oft sieht man, vor allem in L- oder kleineren M-Dressuren, Reiter, die ihr Pferd einfach vom Arbeitstempo in ein langsameres abbremsen. „Nur langsam" steht dann meist im Protokoll. Gemeint ist damit, dass die Hinterhand nicht, wie verlangt, fleißiger wird und vermehrt unter den Schwerpunkt tritt (die Spirale also nicht zusammengedrückt wird), sondern langsamer, kürzer oder gar hinten heraus arbeitet. Die Folge: Der Vortrag sieht matt und langweilig aus, es entsteht keine Kadenz. Die Pferdebeine bleiben nämlich länger am Boden, statt länger in der Luft. Das gilt für den Trab genauso wie für den Galopp. Bei dieser Art des Reitens geht mit der Zeit zunächst auch der Schwung des Pferdes verloren, da es durch die mangelnde Hinterhandaktivität zu keinem nennenswerten Muskelaufbau kommt, weder in der Hinterhand, noch im Rücken. Und das Fehlen einer entsprechenden Muskulatur in diesen Bereichen führt dann wiederum zum Problem mit Losgelassenheit, Anlehnung und Takt.

Die Tragkraft zu verbessern muss also sowohl ein Ziel der Ausbildung als auch als Voraussetzung für den Erhalt des Fundamentes (Stichwort „Hausbau") verstanden werden.

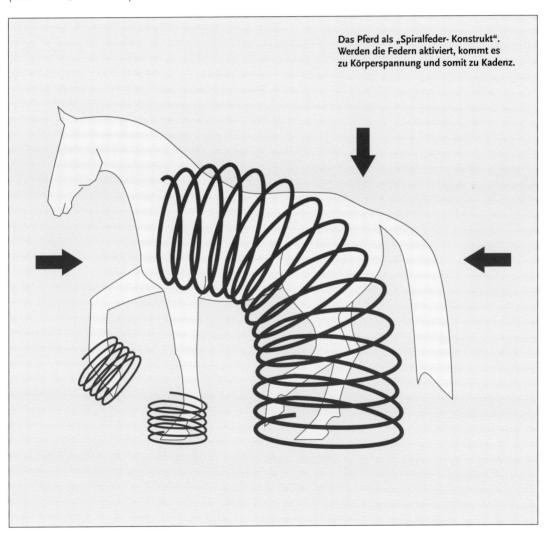

**Das Pferd als „Spiralfeder- Konstrukt".
Werden die Federn aktiviert, kommt es
zu Körperspannung und somit zu Kadenz.**

VARIATIONEN VON L BIS GRAND PRIX

Verlangt wird die Versammlung in Dressurprüfungen erst ab L, betrifft also Pferde und Reiter, die die Grundausbildung bereits hinter sich haben (oder haben sollten). Von da an steigern sich die Anforderungen an den Grad der Versammlung bis hin zur hohen Schule. Die Versammlung, die auf L-Basis verlangt und erwartet wird, ist eine andere als die auf Grand Prix-Ebene, vergleichbar mit dem Tanz einer Elevin und dem einer Prima Ballerina. In niedrigeren Prüfungen kann man davon ausgehen, dass zum einen ein entsprechend junges Pferd körperlich noch nicht so weit ist, die kraftzehrenden Anforderungen einer höheren Versammlung bei dauerhaft gesenkter Hinterhand zu zeigen. Zum anderen ist meist ein Reiter dieses Niveaus noch nicht in der Lage, die koordinativen

Unterschiedliche Versammlung im Trab: L-Niveau (links), M-/S-Niveau (Mitte, bereits erhabener)

SEITWÄRTS

Seitengänge, vor allem das Schultervor, das Schulterherein sowie Travers und Renvers, sind optimale Übungen zur Förderung der Versammlung. Bei korrekter Ausführung wird das jeweilige innere Hinterbein vermehrt unter den Schwerpunkt gebracht, während die Pferdeschulter auch seitlich gymnastiziert und kontrolliert wird.

Hohe Versammlung, wie sie in S und Grand Prix erwartet wird.

reiterlichen Voraussetzungen für ein ‚mehr an Versammlung' zu realisieren. So reicht es auf L-Niveau aus, auf geraden und größeren gebogenen Linien (zum Beispiel 10-Meter-Volten) Versammlung im Trab und Galopp nicht allzu häufig wechselnd zu zeigen. In M sind die Erwartungen bereits höher: kleinere (8 Meter) Volten, Versammlung in Seitengängen, verkürzter Schritt, häufigere Tempo-Wechsel. Ab S wird erwartet, dass ein Pferd in der Lage ist, sein Gewicht noch mehr auf die Hinterhand zu verlagern, die diesbezüglich höchste

Anforderung hier ist die Galopp-Pirouette. Richtig schwer, und nicht für jedes Pferd erlernbar, sind dann die Lektionen der hohen Schule (zum Beispiel Piaffe, Passage), die vom Pferd neben Talent auch enorme Kraft und Rittigkeit verlangen.

Absolute Aufrichtung (links): das Pferd drückt den Rücken weg, die Hinterhand bleibt zurück.
Relative Aufrichtung (rechts): das Pferd springt unter das Reitergewicht.

AUFRICHTUNG — ERST SENKEN, DANN HEBEN

Untrennbar verbunden mit dem Begriff Versammlung ist der Begriff Aufrichtung. Darunter versteht man nicht das bloße Hochstellen des Pferdehalses, sondern die Hebung von Hals und Vorhand bei gleichzeitiger Senkung der Hinterhand. Beides soll immer in Relation zueinander stehen und sich aus vermehrter Tragkraft von Rücken und Hinterhand entwickeln (‚relative Aufrichtung‘). Eine L-Aufrichtung fällt deshalb entsprechend geringer aus als eine Grand Prix-Aufrichtung. Ist ein Pferd – im Vergleich zur Senkung seiner Hinterhand – zu hoch aufgerichtet, spricht man von ‚absoluter Aufrichtung‘. Auf lange Sicht führt sie zu Rückenverspannungen mit all ihren daraus resultierenden Rittigkeitsproblemen. Anweisungen wie „nimm ihn/sie höher" sind deshalb falsch. Richtiger wäre es, den Reiter dazu zu bringen, sein Pferd „hinten tiefer" zu arbeiten. Die Aufrichtung kommt dann ganz von selbst.

VERSAMMELNDE UND VERSAMMELTE LEKTIONEN

Die meisten Lektionen haben keinen Selbstzweck, sind keine Dressur-Stückchen wie das Pfötchen-Geben eines braven Hundes. Lektionen sind vielmehr sowohl gymnastische Hilfsmittel als auch Überprüfungsinstrument für „richtiges Reiten". Das gilt auch für die Versammlungs-Lektionen, die man eigentlich in versammelnde und versammelte unterteilen kann. Dabei darf man sie nicht losgelöst voneinander betrachten. Viele versammelnde Lektionen führen zur Versammlung, doch es gibt auch versammelte Lektionen, wie die Piaffe, die – wenn das Pferd sie zumindest in Ansätzen beherrscht – die Versammlung fördern, damit also gleichzeitig eine versammelnde Lektion ist. Verwirrend? Eigentlich nicht. Vielmehr kommt es immer auf das Wie an, und das hängt wiederum mit der individuellen Versammlungsfähigkeit des einzelnen Pferdes zusammen.

Außengalopp, Schulter vor und Schulter herein sind auch in puncto Versammlung sehr hilfreiche Lektionen.

Zu den versammelnden Lektionen, die auch in der Arbeit mit jüngeren Pferden altersabhängig eingesetzt werden können, gehören:

▸ Übergänge,
▸ Tempounterschiede,
▸ Rückwärtsrichten,
▸ einfache Galoppwechsel,
▸ Außengalopp,
▸ Zirkel verkleinern und vergrößern,
▸ Travers,
▸ Renvers,
▸ Schulter vor,
▸ Schulter herein und
▸ halbe Tritte.

Versammelte Lektionen sind zum einen:

▸ die versammelten Grundgangarten,
▸ außerdem Galopp-Pirouetten,
▸ Traversalen,
▸ Piaffen und
▸ Passagen.

Rückwärtsrichten fördert Durchlässigkeit und Versammlung eines Pferdes und ist auch ein guter Gradmesser für die Rückentätigkeit.

Eines haben alle gemeinsam: Richtig eingesetzt kann man die Versammlung, den Schwung und den Ausdruck damit fördern. Ein Beispiel: Ein Pferd, das vielleicht einen etwas ‚normalen' Grundtrab

hat, ansonsten aber korrekt an den Hilfen steht, lässt sich durch versammelnde Arbeit in seiner Bewegungsqualität oft verbessern. Durch die Kraftzunahme in der Hinterhandmuskulatur wird das Pferd in die Lage versetzt, sein Gewicht und das des Reiters vermehrt nach hinten zu verlagern und dabei seine Vorhand zu entlasten. Erst dadurch erhalten die Vorderbeine die Möglichkeit, weiter, höher und ungezwungener auszugreifen, die Bewegung erhält sowohl im Trab als auch im Galopp mehr Ausdruck und Erhabenheit.

Erst durch entsprechende Versammlung gewinnt eine Traversale an Ausdruck.

KRÖNUNG PIAFFE UND PASSAGE

Die gößte Erhabenheit strahlt ein Pferd in Piaffe und Passage aus,
den krönenden Lektionen einer schweren Dressuraufgabe. Selten
sieht man allerdings klassisch korrekte Piaffen und Passagen, oft
muss man Abstriche machen an die Optimalvorgaben. Und die
sehen folgendermaßen aus:

In der Piaffe soll das Pferd an leichten Hilfen stehend möglichst auf
der Stelle im gleichmäßigen Zweitakt treten, dabei seine Hinterbei-

Philippe Karl zeigt mit seinem Schimmel eine ausdrucksvolle Piaffe, die das Höchstmaß an Versammlung darstellt.

ne ein wenig mehr unter den Schwerpunkt bringen bei leicht
gesenkter Hinterhand. Die Vorderbeine sollen so weit angehoben
werden, dass sich der Oberarm des Pferdes der Waagerechten
nähert. Beim Aufsetzen soll das Vorderbein senkrecht zum Boden
zurückkommen, nicht schräg nach vorn oder hinten. Fehlerhaft ist
es, wenn die Hinterhufe zu hoch gehoben werden (das Pferd hüpft),
wenn sie breit oder hinten heraus fußen, wenn das Pferd die Beine
kaum anhebt (es ‚kratzt‘), den Rücken hängen lässt oder ungleich
tritt (Taktstörungen oder mit einem Huf vor, mit einem zurück).
All diese Fehler entstehen, wenn das Pferd nicht korrekt unter den
Schwerpunkt tritt.

In der Passage soll sich das Pferd in einem deutlichen Vorwärts-Auf-
wärts-Impuls vom Boden abdrücken, dabei den Oberarm möglichst
Richtung Waagerechte anwinkeln und mit dem Hinterbein weit
unter den Schwerpunkt schwingen. In der sich dabei verlängernden
Schwebephase verhält das Pferd am höchsten Punkt einen Moment
in der Bewegung, bevor es wieder auffußt.

Beide Lektionen sind enorm schwierig, da sie sowohl eine hohe
Konzentrations- und Koordinationsfähigkeit verlangen als auch
große Kraft und Kraftausdauer der ‚richtigen‘, also der tragenden
Muskulatur. Nicht jedes Pferd wird im Verlauf seines Lebens in der
Lage sein, diese Lektionen zu erlernen oder korrekt auszuführen.
Zum einen, weil es nicht in der Hand eines in diesen Dingen erfah-
renen Reiters/Ausbilders ist. Zum anderen, weil ihm vielleicht die
psychischen und physischen Voraussetzungen fehlen.

Trotzdem versuchen manche Reiter, ihren ‚Lieblingen‘ auf Teufel
komm raus das Piaffieren oder Passagieren beizubringen. Eine Tor-
tur für Pferd und Auge. „Pi und Pa“ sind Lektionen, die aus korrektem Reiten erwachsen sollen, die scheinbar leicht und ohne großen
Aufwand beinahe von selbst entstehen. Die Situation in vielen Reit-
hallen oder auf Abreiteplätzen sieht häufig anders aus: stechen,
hauen, würgen. Die spaßhafte Formulierung ‚Angst auf der Stelle‘
wird dabei für manchen Vierbeiner zur traurigen Realität. Das Problem an solch falschem Piaffieren und Passagieren ist, dass sich mit

dem reiterlichen ‚Würzen' – womöglich bei weggedrücktem Pferderücken und eingezwängtem Hals – alle Probleme, die das Pferd vielleicht bereits hat, noch verstärken. Hauen und Stechen können
keine Losgelassenheit (Punkt drei der Ausbildungsskala) mit sich
bringen, sondern fördern nur die Angst.

Voraussetzung für die Erarbeitung von Piaffe und Passage ist –
neben den körperlichen Grundeigenschaften, die das Pferd mitbringen muss (korrekte Anatomie, gekräftigte Muskulatur) und dem
eigenen reiterlichen Können – das Erreichen sämtlicher Punkte der

Durch leichtes Touchieren vom Boden aus wird das Pferd beim Erlernen der Piaffe unterstützt.

Ausbildungsskala. Das kann bei dem einen, körperlich und psychisch besonders talentierten Pferd im Alter von vielleicht sechs Jahren sein, bei dem anderen eventuell erst im Alter von acht oder neun Jahren. Und bei manchen eben nie. Als Reiter muss man diese individuellen Unterschiede in der Reife und dem Talent eines Pferdes erkennen und entsprechend darauf reagieren. Kein Pferd gleicht dem anderen. Ein zeitlicher Ausbildungs-Fahrplan sollte deshalb erst gar nicht aufgestellt werden – und wenn doch, dann muss er äußerst flexibel sein.

Die Passage stellt für ein Pferd höchste Kraftanstrengung dar.

PROBLEME MIT DER VERSAMMLUNG – WAS TUN?

Wie schon erwähnt, verstehen viele Reiter den Begriff Versammlung miss und verwechseln ihn mit ‚langsam‘. Versammlungsprobleme entstehen meist aus Reiterfehlern. Entweder eben das besagte ‚langsam reiten‘, oder aber Davonstürmen, schief werden oder Taktstörungen. In allen Fällen liegt die Ursache der Probleme in mangelnder Tragkraft von Rücken und Hinterhand, eine vom Reiter geschaffene Ursache. Ein Pferd zum Beispiel, das in der Versammlung mit der Hinterhand seitlich ausweicht, ist nicht genügend gerade gerichtet. Durch das Ausweichen umgeht es – eigentlich gar nicht dumm – der Anstrengung der Lastaufnahme. Es pfuscht also sozusagen. Bemerkt der Reiter dies nicht und fragt trotzdem immer wieder versammelte Tempi ab, werden diese nach und nach schlechter, da sich das Pferd nicht auf der Hinterhand trägt, sondern irgendwann auf dem Zügel abstützt. Die Lösung muss in einer verstärkten Gymnastizierung gesucht werden – und die ist wieder abhängig von der Gesamtheit der Ausbildungsskala.

Bei auftretenden Problemen muss also – wie immer in der Reiterei –

Bei Problemen mit der Versammlung kann der Schritt zurück helfen: erst Losgelassenheit wieder herstellen, dann Übergänge Zulegen-Einfangen reiten.

als Erstes die Frage nach dem Warum gestellt und die richtige
Antwort darauf gesucht werden. Bei Letzterem helfen einem die
unerwünschten Reaktionen des Pferdes meist schon weiter:
Frage: Warum lässt sich mein Pferd nicht richtig versammeln?

▸ Wenn es unter dem Reiter wegläuft, dann lässt es sich nicht versammeln, weil es im Rücken nicht genügend gekräftigt ist und
  nicht genügend Last mit der Hinterhand aufnimmt, sich hinten
  folglich nicht senkt. Also: Übergänge reiten, übertreten lassen.
▸ Wenn es langsam und matt wird, dann lässt es sich nicht versammeln, weil es im Hinterbein nicht aktiv genug bleibt und die
  Hinterbeine durch den Sand schlurfen lässt. Also: Tempiwechsel
  vorwärts-einfangen abfragen, Zirkel verkleinern und vergrößern
  reiten.
▸ Wenn es sich gegen die Hand wehrt, dann lässt es sich nicht
  versammeln, weil es nicht korrekt von hinten nach vorn in eine
  sichere Anlehnung geritten ist. Also: Übergänge, Übergänge,
  Übergänge.
▸ Wenn es den Rücken hängen lässt, dann lässt es sich nicht versammeln, weil der Impuls aus der Hinterhand nicht über den

Sprache lernen

„Man kann alles er-
klären – nur nicht das
Gefühl für das Reiten.
Der beste Lehrer ist
hierbei der Vierbeiner.
Denn wie will ich eine
Sprache – und etwas
anderes ist die Kommu-
nikation zwischen Reiter
und Pferd ja nicht –
erlernen, wenn nicht
von jemandem, der
sie absolut beherrscht,
auch was den Klang und
die Feinheiten betrifft.
Aus diesem Grund ist
das beste Pferd als
Lehrpferd gerade gut
genug."

EGON VON NEINDORF,
Begründer des gleichnamigen
Reitinstituts zur Förderung
der klassischen Reitkunst

Rücken nach vorne durchschwingen kann. Also: länger lösen, bewusster nach vorwärts-abwärts reiten, Übergänge im Vorwärts-Abwärts, Cavaletti-Arbeit, Longen-Arbeit.

▸ Wenn es blockiert und rückwärts stürmt, dann lässt es sich nicht versammeln, weil es die Kraftanstrengung in der Hinterhand noch nicht länger halten kann und sich dann aus Überforderung verspannt. Also: Zirkel verkleinern und vergrößern (dabei beim Verkleinern versammeln, beim Vergrößern zulegen), nur kurze Reprisen Versammlung fordern (nach und nach zeitlich steigern).

Diese Liste ließe sich noch erweitern, die Reaktionen von Pferden auf falsch verstandene Versammlung können vielseitig sein. Sie zu deuten ist Aufgabe des Reiters und des Reitlehrers. Der gute und erfahrene Reiter beziehungsweise Ausbilder sieht Schwierigkeiten schon kommen und versucht, sie erst gar nicht entstehen zu lassen. Der weniger erfahrene Reiter rasselt meist mitten rein. Solange er das Problem aber erkennt, es an der Wurzel packt und zeitig mit den richtigen Mitteln wieder abstellt, ist nichts verloren. Schwierig wird es erst, wenn sich ein Problem – sei es in der Versammlung, im Takt oder in sonst einem der Punkte der Ausbildungsskala – so manifestiert hat, dass das Pferd zum Korrekturfall wird.

LEKTIONEN / ÜBUNGEN FÜR DIE VERSAMMLUNG

An und für sich bereiten die meisten Übungen und Lektionen auf das Ziel Versammlung vor. Speziell versammlungsfördernd sind dabei: sämtliche Übergänge (inklusive Zulegen-Einfangen), außerdem Rückwärtsrichten, Halten-Rückwärts und daraus antraben, Zirkel verkleinern und vergrößern, einfache Galoppwechsel, später auch Schulter vor und Schulter herein, Seitengänge (Travers, Renvers, Schulterherein) in schnellem Wechsel, Außengalopp auf gebogenen Linien, halbe Tritte.
Bei allen Lektionen muss man darauf achten, dass das Pferd bezüglich Alter und Ausbildungsstand nicht überfordert wird.

VERSAMMLUNGS-TEST

Echt versammelt oder nur langsam? Diese Frage lässt sich vor allem für den weniger erfahrenen Reiter vom Sattel aus gar nicht so einfach beantworten. Hier ein paar Tipps, wie man mit kleinen Tests herausfindet, ob die Versammlung stimmt:

- Ist es in Trab und Galopp bequem im Sattel? Ein korrekt versammeltes Pferd lässt im Allgemeinen gut sitzen.
- Kommen ganze Paraden aus dem Trab, vielleicht sogar aus dem Galopp, punktgenau, mit leichtesten Hilfen, beinahe nur übers Denken durch? Je mehr ein Pferd „auf dem Hinterbein sitzt", also versammelt ist, desto besser lässt es sich ohne viel Aufwand parieren.
- Zieht das Pferd bei der Aufforderung zu Trab- bzw. Galoppverstärkungen problemlos an? Ein gut versammeltes Pferd trägt die meiste Last mit der Hinterhand, dem Bereich, in dem der ,Motor' sitzt, und kann deshalb gut zur Verstärkung durchstarten'. Ein nur langsames und auf der Vorhand gehendes Pferd hat hier Probleme und kommt beim Zulegen ins Laufen beziehungsweise auf die Vorhand.
- Bleibt das Pferd im Galopp in kleinen Wendungen im gleich bleibenden Tempo? Wenn es ausfällt oder davonzulaufen versucht, ist die Versammlung noch nicht erreicht. Das Gleiche gilt für das Durchreiten der Ecken im Außengalopp.

1 Um Taktfehler im versammelten Schritt zu vermeiden, hilft
Reiten auf gebogenen Linien.

2 Das Pferd macht sich im versammelten Galopp zu groß,
die Anlehnung muss verbessert werden.

BLICK ÜBER DEN ZAUN

Die Arbeit nach der Skala der Ausbildung ist, so wurde auf den vorherigen Seiten vielleicht klar, der vom Pferd anatomisch vorgegebene und damit einzige Weg, aus einem ungerittenen Youngster ein zufriedenes Reitpferd zu machen. „Ich will aber gar keine Dressur und schon gar keine Turniere reiten", mag hier nun der eine oder andere denken. Braucht er auch nicht. Die Ausbildungsskala hat weniger mit einer Disziplin zu tun, sondern mehr mit dem Pferd an sich, ganz egal, ob es unterm Dressur- oder Springsattel geht, ob es Western geritten wird oder als Voltigierpferd auf dem Zirkel zum Einsatz kommt. Beim Dressurreiten ist das Ergebnis der Ausbildungsskala, Durchlässigkeit, Harmonie und Versammlung, das, was (auf Turnieren) bewertet wird. Deshalb hat sie hier auch den stärksten Einfluss und die größte Bedeutung. Doch wie sieht es bei den anderen Disziplinen aus? Ein Blick über den Zaun zeigt, dass selbst die aus den Cowboys des „Wilden Westens" hervorgegangenen Westernreiter, ohne sich vielleicht jemals mit dem Begriff „Ausbildungsskala" auseinander gesetzt zu haben, nach ähnlichen Prinzipien arbeiten. Kein Wunder eigentlich, denn auch wenn das, was unterm Strich herauskommt, in allen Disziplinen ein wenig anders aussieht, so ist das ‚Reittier', unabhängig von den jeweiligen Gebäudeunterschieden, in allen Fällen ein Pferd.

Egal für welche Reitart man sich entscheidet – ein korrekt ausgebildetes Pferd vermittelt immer mehr Freude.

SPRINGAUSBILDUNG MIT SYSTEM

Nicht ins TV

„Ohne dressurmäßige Grundausbildung kommt der Reiter vielleicht bis M oder ländlich S – aber nie ins Fernsehen. Wenn die Grundausbildung fehlt, entwickelt sich das Pferd irgendwann zurück."

KARL-HEINZ GIEBMANNS, Reitmeister, internationaler Springausbilder, ehemaliger Nationenpreisreiter

Gas geben und drüber – nach diesem Motto scheinen, vor allem auf kleineren und mittleren ländlichen Turnieren, viele Springreiter zu handeln. Einige haben damit sogar einen gewissen Erfolg und sehen sich in ihrer Reiterei bestätigt, ohne zu begreifen, dass es nur das Talent ihres Pferdes ist, das sie vorübergehend zu Platzierungen trägt. Dabei könnten sie vermutlich noch wesentlich weiter kommen, wenn sie ihrem Vierbeiner mit einer systematischen Ausbildung die Chance zur Optimierung eben dieses Talentes geben würden. Die sichere Beherrschung zumindest einer A-Dressur sollte dazu Rüstzeug jedes Reiters, auch jedes Springreiters, und jedes Springpferdes sein. Nur so ist auch im Parcours die dringend notwendige Kontrolle möglich. Soll es über L-Springen hinausgehen,

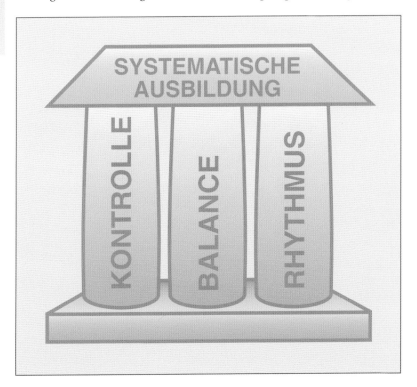

muss sogar mindestens L-Dressurniveau erreicht werden. Beobachtet man Spitzenreiter auf Turnieren, so kann man schon an der Art,
wie sie in den Parcours ein- und auch wieder ausreiten, sehen, dass
sie ihre Pferde beherrschen. Da rast keiner in vollem Tempo auf den
Platz, sondern trabt oder galoppiert losgelassen und in Ruhe herein.
Und auch nach Beendigung des Parcours sieht man weder Nervosität noch Kampf. Die meisten dieser Pferde lassen, sobald sie zum
Schritt durchpariert werden, zufrieden den Hals fallen und dehnen
sich ans Gebiss, obwohl sie kurz zuvor körperliche und psychische
Höchstleistung vollbracht haben.
Das Geheimnis dieser Bilder liegt in einer systematischen Ausbil-
dung, die auf den drei Säulen

▸ Kontrolle,
▸ Balance und
▸ Rhythmus ruht.

Eine systematische Ausbildung
nach den Prinzipien der Ausbildungsskala führt auch beim
Springen zu schöneren Bildern
und mehr Erfolg.

Kontrolle – erreicht man als Reiter, indem man – wie schon in in
den vorherigen Kapiteln ausführlich beschrieben, sich an den sechs
Punkten der Ausbildungsskala orientiert. Dabei ist, je nach Reit-
sportdisziplin, lediglich die Gewichtung etwas unterschiedlich.

Takt und Losgelassenheit So brauchen auch Springpferde einen
sauberen Takt – nicht etwa, weil sie Noten für reine Gänge bekämen,
sondern weil Taktstörungen fast immer auf Probleme in der Losgelassenheit und in der Rückentätigkeit hinweisen. Ein Pferd aber,
das sich nicht loslässt, sich nicht entspannt, kann sich auch nicht
optimal konzentrieren. Und ein Pferd, das seinen Rücken nicht
,hergibt', ihn also im Schritt, Trab oder Galopp nicht aufwölbt und
deshalb Taktfehler macht, hat im Allgemeinen auch Schwierigkeiten,
über dem Sprung seine optimale Flugkurve zu finden. Probleme,
die gerade im Parcours, wo oft Millimeter über ,Abwurf' oder
,Liegenbleiben' entscheiden, ausschlaggebend sein können. Die Losgelassenheit des Springpferdes ist aber auch aus einem weiteren
Grund einer der ganz wichtigen Punkte in der Ausbildung. Nur ein

losgelassenes, entspanntes Pferd kann sich auf die ihm gestellte Aufgabe so konzentrieren, dass es in Extremsituationen auch mal die Chance und vor allem das Selbstbewusstsein hat, sich selbst zu helfen. Ein Pferd dagegen, das hektisch, nervös, kämpfend und widersätzlich durch den Parcours eilt, hat überhaupt nicht die Gelegenheit, sich selbst zu entscheiden – im Gegenteil, ihm muss in jeder Situation der Reiter helfen. Das jedoch kann auf Dauer nicht gut gehen und führt, spätestens wenn der Parcours etwas technischer und damit schwerer wird, unweigerlich zu Fehlern am Sprung.

Lockeres Traben über Stangen fördert Anlehnung, Losgelassenheit und Rückentätigkeit und ist bereits eine gute erste Rhythmusschulung.

Anlehnung Fehler sind auch vorprogrammiert, wenn die Anlehnung nicht stimmt. Sie ist absolute Voraussetzung. Ist sie nicht gegeben, kann das Pferd in dem hohen Tempo, in dem es ja seinen Job im Parcours zu machen hat, nicht unmittelbar der Reiterhand beim Aufnehmen und Nachgeben folgen und kommt damit auch nicht in die Bascule und Dehnung, die es für einen guten Sprung braucht. Es entsteht Stress, der wiederum zu Mängeln in der Losgelassenheit und im Takt führt – eine Katze, die sich in den Schwanz beißt und spätestens ab M zu Problemen und Leistungseinbußen führt. Wer im Parcours weiterkommen will, muss also auf die Ausbildungsbasis ganz besonderen Wert legen und in der täglichen Arbeit immer wieder an der Verbesserung der Durchlässigkeit feilen. Pfuschen gilt nicht, damit trickst man sich nur selber aus.

Schwung Nicht ganz so viel Wert wie im Dressursport wird in der Springreiterei auf den Schwung des Pferdes gelegt, zumindest nicht auf den Schwung im Trab. Es ist nicht notwendig, dass ein Springpferd spektakulär federnd mit weit vortretenden Hinterbeinen daherkommt, viel wichtiger sind Spring- und Galoppiervermögen – Letzteres sollte aber auf jeden Fall durch Schwung unterstützt sein. Die Übergänge vom Arbeitsgalopp in den Mittel- und starken Galopp müssen fließend gelingen, die Schwungentwicklung muss deshalb absolut sicher sein. Nur wenn das Pferd in Sekundenschnelle von Versammlung auf „Turbo" umschalten kann, gelingen ihm auch kniffelige Aufgaben vor und in schwierigen Distanzen. Verbessern lässt sich der Schwung durch häufiges Cantern, also forciertes Galoppieren, zur Abwechslung ruhig auch mal im Gelände, und durch regelmäßiges Arbeiten im Grundtempo.

Geraderichtung Ein ganz wichtiger Punkt auf dem Weg zur Kontrolle des Springpferdes ist wiederum die Geraderichtung. Die natürliche Schiefe bewirkt, wie bereits ausführlich erklärt, dass ein Pferd nicht spurgenau tritt und springt, sondern seitlich versetzt. Beim Anreiten auf einen Sprung ist es aber für das Pferd enorm wichtig, beide Hinterbeine gleichmäßig unter den Schwerpunkt zu bringen und sein Körpergewicht mit beiden Hinterbeinen zum Absprung in die Höhe zu stemmen. Ein Pferd, das dies nicht kann, wird nie seine volle Kapazität erreichen. Es springt ja quasi nur mit einem Hinterbein ab.
Dabei muss gerade die Hinterhand beidseitig gleich kräftig sein und gekräftigt werden, was wiederum – auf Grundlage der Geraderichtung – in gewissem Umfang durch die Erarbeitung der Versammlung erreicht wird.

Versammlung Für ein Springpferd, zumindest bis M/B, reicht etwa der Versammlungsgrad, der in einer L-Dressur verlangt wird. Er erlaubt dem Reiter, das Tempo bei gleich bleibendem Takt zurückzunehmen und so kleinere Wendungen zu reiten und die Zahl der

---

„Durch" als Muss

„Der seelischen und körperlichen Beanspruchung des Springsportes sind auf Dauer nur die vollkommen durchgerittenen Pferde gewachsen. ...
Es ist völlig gleichgültig, ob das Springpferd nun eine Dressurklasse L oder S geht, wichtig ist, daß es mit leichtesten Hilfen in Sekundenschnelle anzuhalten, zu beschleunigen und auf engstem Raum zu wenden ist und mühelos fliegende Galoppwechsel bei jeder Richtungsänderung vollführen kann."

MARTEN VON BARNEKOW,
Mannschafts-Olympiasieger
Springen, Berlin 1936

Auch bei der Springausbildung
wird auf sichere Anlehnung
Wert gelegt.

Galoppsprünge in Distanzen genauer zu kontrollieren. Der Reiter muss neben der Schubkraft der Hinterhand auch die Tragkraft spüren, was im forschen Grundtempo eines parcoursmäßigen Galopps gar nicht so einfach ist. Ohne Tragkraft wäre das Pferd nicht in der Lage, ein höheres Hindernis fehlerlos zu überwinden. Das korrekte Gleichgewicht zwischen Schub- und Tragkraft zu finden, zu schulen und zu erhalten, ist eine der Hauptschwierigkeiten beim Reiten und ganz besonders beim Springreiten, da diesbezügliche Mängel hier schneller und offensichtlicher bestraft werden: mit einer fallenden Stange oder einer Verweigerung.

Balance – neben der Kontrolle ein ganz wichtiger Punkt in der Springausbildung. Schon Frederigo Caprilli (1868–1907), der Erfinder des modernen Springsitzes, machte sich vor über 100 Jahren Gedanken über etwas, was ihm immer wieder auffiel: Freispringende Pferde überwanden ein Hindernis meist viel geschmeidiger, problemloser und in schönerer Flugkurve als Pferde unter dem Reiter. Das ließ den italienischen Kavallerieoffizier zu dem Schluss kommen, dass der Reiter – zumindest so wie er damals beim Springen saß: mit langem Bein, tief im Sattel und in Rücklage den Kopf des Pferdes zum Absprung hochreißend – der störende Faktor sein musste. Aus diesen Überlegungen heraus entwickelte er den modernen Springsitz, bei dem der Reiter sich nach vorne geneigt der Bewegung des sich überm Sprung aufwölbenden Pferderückens anpasst, statt gegen ihn zu arbeiten. Bis heute ist ein ausbalancierter Sitz, egal ob beim Dressur- oder Springreiten, Grundvoraussetzung für die Harmonie zwischen Pferd und Reiter. Der leichte Sitz, wie er beim Springen gefordert wird, ist allerdings besonders schwierig. Immerhin muss der Reiter bei kurzem Bügel und entlastendem Sitz die gleiche Kontrolle behalten, wie er sie durch die dressurmäßige ‚Unterbau-Arbeit' bei langen Bügeln erarbeitet hat. Vorwärts, rück- wärts und seitwärts muss mit kurzen Bügeln genauso leicht und ungezwungen jederzeit abrufbar sein, wie bei einem mit langen Bügeln gearbeiteten Dressurpferd.

Übrigens

Leichter Sitz heißt leicht, nicht schwer ‚sitzen' und nicht im Bügel ‚stehen'. Das Gesäß wischt dabei von hinten nach vorn durch den Sattel, die Schenkel halten die Hinterhand des Pferdes unter dem Schwerpunkt, der Bewegungsrhythmus des Pferdes wird durch entspanntes Nachfedern im Fußgelenk unterstützt. Die richtige Schenkellage hält dabei die Hinterhand unterm Schwerpunkt. Der Sattel sollte keine zu flache Sitzfläche haben, um den Reiter nicht zu weit nach hinten einsitzen zu lassen. Dies blockiert nämlich das Aufwölben des Pferderückens und verursacht schädlichen Druck.

Rhythmus – die dritte Säule der Springausbildung. Fehlt sie, stößt das talentierteste Pferd schnell an Grenzen und wird nie sein Optimum erreichen. Ähnlich einem Hürdenläufer in der Leichtathletik, der ebenfalls nicht auf dem Tritt kommen darf, braucht das Pferd im Pacours eine rhythmische Grundgaloppade. sie ermöglicht es, „passend" an ein Hindernis heranzukommen. Dabei ist der gleich bleibende Bewegungsrhythmus einem Pferd angeboren, ein Umstand, den sich heutzutage auch das therapeutische Reiten bei der Arbeit mit Behinderten zunutze macht.

Geht der Rhythmus verloren, ist dies im Allgemeinen einer fehlerhaften Einwirkung durch den Reiter zuzuschreiben. Falsche und zu viel Versammlungsarbeit (rückwärts statt vorwärts einwirken), ungeschickte Hilfengebung, zu viel Druck, Stress oder brutaler Umgang wirken sich negativ auf einen gleich bleibenden Bewegungsrhythmus aus.

Ob ein Pferd rhythmisch galoppiert oder nicht, kann man manchmal sogar hören: Prustet es beim Atmen im Rhythmus seiner Bewegung entspannt ab, ist alles OK. Hört man dagegen über mehrere Galoppsprünge zuerst gar nichts und dann plötzlich wieder ein Schnauben, hält es zwischenzeitlich die Luft an. Und wie wichtig eine richtige Atmung für eine körperliche Leistung ist, weiß jeder, der einmal versucht hat, ein paar Kilometer zu joggen. Wer dabei zu schnell, zu langsam oder über längere Strecken gar nicht atmet, kommt aus dem Tritt, kriegt Seitenstiche, ist schnell erschöpft und muss früher oder später sogar aufhören.

Übungen zur Rhythmusschulung von Pferd und Reiter gibt es – neben häufigem Cantern – viele, die einfachsten kann man mit ein paar Sprungstangen am Boden in wenigen Minuten alleine vorbereiten. Für die aufwändigeren sollte man sich ein oder mehrere Helfer suchen.

Hier ein paar Beispiele, die im Galopp zu reiten sind (als allgemeine Vorbereitung hierfür gilt die Cavaletti- oder Stangenarbeit im Schritt und Trab) und durch die auch der Reiter lernt, den natürlichen Rhythmus des Pferdes nicht zu unterbrechen.

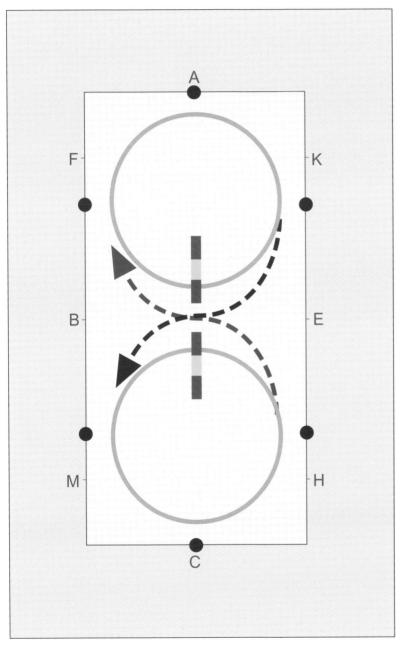

Zwei Stangen werden entlang der Mittellinie so auf den Boden gelegt, dass man bei X noch zwischen ihnen hindurch reiten und einen Handwechsel vornehmen kann. Geritten wird in ruhigem Galopp über die Stangen, mal linke, mal rechte Hand.

Für diese Übung benötigt man fünf Stangen. Jeweils zwei werden im Abstand von 6 Metern (für junge Pferde) oder 5,50 Metern (für ältere Pferde) auf die Zirkellinien gelegt, eine Stange in die Mitte eines Zirkels parallel zur kurzen Seite. Auch hier wird wieder in ruhigem Galopp über die Stangen geritten, dabei mal durch den Zirkel (über die Stange) oder aus den Zirkeln gewechselt.

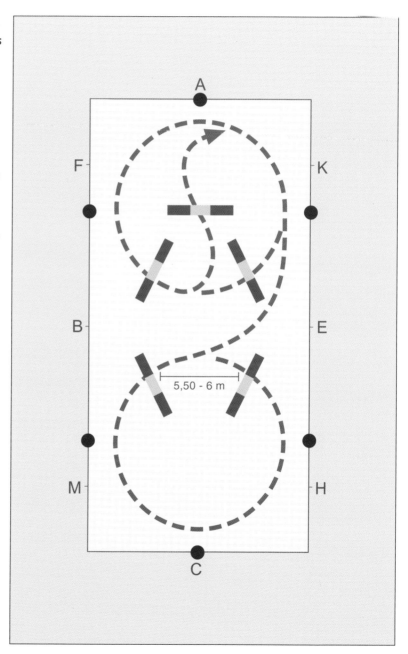

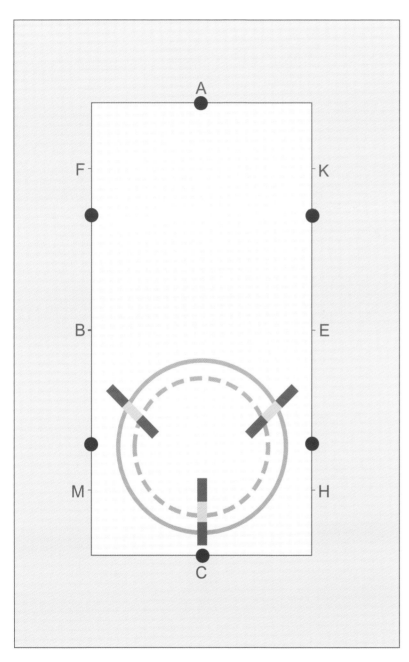

Sieht simpel aus, ist aber gar nicht so einfach: Drei Stangen werden wie gezeichnet auf die Zirkellinie gelegt, der Reiter galoppiert darüber und verkleinert dabei den Zirkel. Je enger der Durchmesser wird, desto schwieriger. Ziel ist es, das Pferd auf der gebogenen Linie trotzdem gerade in der Spur zu halten.

Rhythmusschulung und Springgymnastik zugleich (nur auf großem Viereck oder Springplatz möglich): Eine lange Seite werden Kreuzsprünge aufgebaut, auf der anderen Oxer in sich steigerndem Abstand. Begonnen wird auf der Mittellinie.

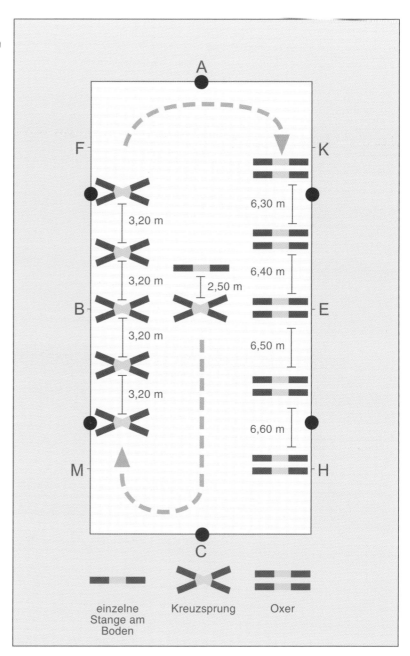

einzelne
Stange am
Boden

Kreuzsprung

Oxer

KEINE VIELSEITIGKEIT OHNE DIE SKALA DER AUSBILDUNG

Von vielen wird sie immer wieder als die „Krone der Reiterei" bezeichnet, die Vielseitigkeit. Kaum eine andere Disziplin stellt so unterschiedliche Anforderungen an ein und dasselbe Pferd: Dressur muss es gehen, einen Parcours mit fallenden Stangen überwinden und in hohem Tempo eine mit feststehenden Naturhindernissen gespickte Geländestrecke absolvieren. Hier wird von Pferden und Reitern das Höchste an Kraft, Ausdauer, Geschicklichkeit und Mut abverlangt. Unstimmigkeiten vor allem im Gelände können zu fatalen Fehlern mit schweren Stürzen führen, ein Umstand, der gerade in den vergangenen Jahren die Vielseitigkeitsreiterei oft negativ in die Schlagzeilen gebracht hat. Dabei betonen Fachleute immer wieder, dass auf einem gut ausgebildeten und gerittenen Pferd das Risiko kalkulierbar ist. Es reicht also nicht, ein mutiges und sprunggewaltiges Pferd zu besitzen, um eine Karriere in der Vielseitigkeit anzustreben. Das Um und Auf ist der systematische Aufbau und die Förderung dieser Talente. Nur so ist man als Reiter in der Lage, sein Pferd auch in brenzligen Situationen zu kontrollieren. Dabei ist Kontrolle niemals gleichzusetzen mit Kadavergehorsam. Ein gutes und gut gearbeitetes Vielseitigkeitspferd zeichnet sich unter anderem dadurch aus, dass es sich in schwierigen Momenten auch selber helfen kann – und ein guter Reiter wird dies dann auch zulassen. Solche schnellen Entscheidungen und feinen Abstimmungen zwischen Pferd und Reiter sind allerdings nur möglich, wenn die Kommunikation zwischen ihnen stimmt. Und die entsteht wiederum durch das Zusammenspiel von Reiterhand (Zügel), Kreuz und Schenkel mit dem Ziel, über die Skala der Ausbildung zur Durchlässigkeit zu kommen. Schludert man als Dressur- oder Springreiter bei dieser Arbeit, wird man im Viereck oder im Parcours recht schnell bestraft – und kassiert im schlimmsten Fall einen (oder mehrere) Ritt(e) außerhalb der Platzierungsränge. In der Vielseitigkeit kann derartige Nachlässigkeit im Gelände das Aus bedeuten, schlimmstenfalls sogar einen Sturz mit Verletzung oder Tod zur Folge haben. Dabei ist natürlich – ähnlich wie bei der Springreiterei – die Gewich-

Gerade im Gelände ist es lebenswichtig, dass das Pferd auf kleinste Hilfen reagiert.

Disziplin egal

„Ganz gleich, welches Pferd und welche Disziplin ich reite – das Wichtigste ist die Losgelassenheit, überhaupt die ganze Grundausbildung. Denn gerade im Gelände spielt die Rittigkeit eine große Rolle, denn nur so kann ich mein Pferd aus dem hohen Tempo kurz vor einem Sprung passend parieren und auch kniffelige Wendungen und Linienführungen reiten."

INGRID KLIMKE,
national und international in Vielseitigkeit und Dressur bis in die höchsten Klassen erfolgreich

tung der einzelnen Punkte der Skala verschieden zur Dressur. Vor allem der letzte Punkt der Ausbildungsskala, die Versammlung, wird nur ansatzweise erarbeitet. Gerade eben so viel, dass die in den Dressur-Teilprüfungen geforderte Versammlung erreicht und dass durch die Versammlungsarbeit die Tragkraft des Pferdes verbessert wird. Zu viel ist hier jedoch gar nicht notwendig, da die Hindernisse im Parcours höchstens 1,25 m hoch sind und auch im Gelände nicht auf „Höhe" gebaut wird, die Flugkurven also eher weit als hoch ausfallen. Darüber hinaus muss das Vielseitigkeitspferd vor allem auch über ein großes Galoppiervermögen verfügen und während der Ausbildung vermehrt wie ein Ausdauersportler trainiert werden.

Im Vielseitigkeitssport kommt es ganz besonders auf eine gute Grundausbildung an.

FREIZEITREITEN MIT GENUSS

Für viele Reiter ist es der Hochgenuss an sich: Ein entspannter Ausritt durch die Natur, allein mit sich und dem Pferd oder aber in einer
Gruppe Gleichgesinnter, fern aller beruflicher Hektik und frei von
täglichen Zwängen. „Ausbildungsskala – wozu?", werden viele Freizeitreiter denken. Genuss, statt Methode, Freude statt Ausbildung –
das ist ihre Devise. Doch Genuss und Freude können Pferd und
Reiter nur erleben, wenn die Zusammenarbeit, die Kommunikation
funktioniert. Was nützt das schönste Gelände, wenn sich das Pferd
vor jedem Geräusch und jeder Pfütze erschreckt, wenn es buckelt,
sich nicht durchparieren lässt, ununterbrochen mit dem Kopf
schlägt oder im Trab und Galopp so rumpelt und humpelt, dass
der Reiter schon nach dem ersten Aufgalopp fix und fertig ist.
Vermeiden lassen sich solche Unannehmlichkeiten nur, wenn
sowohl das Pferd als auch der Reiter über eine entsprechende Ausbildung verfügen. Weshalb dabei die Skala der Ausbildung hilfreich
und sinnvoll ist, wurde bereits ausführlich erklärt. Warum soll ein
Freizeitpferd nicht eine ebenso korrekte Grundausbildung erhalten,
wie ein Sportpferd? Diese Grundausbildung macht aus dem Freizeit-
und Geländepferd zwar nicht gleich einen Überflieger, sie kann aus
ihm aber ein zufriedenes und vom Reiter jederzeit kontrollierbares
Pferd machen. Dabei ist der Begriff der ‚Kontrollierbarkeit' in keins-
ter Weise negativ – weil vielleicht mit ‚Freiheitsberaubung' gleich-
gesetzt – zu sehen. Kontrolle ist vielmehr für die Gesundheit von
Reiter und Pferd dringend erforderlich. Das Pferd als Fluchttier mag
seinem natürlichen Drang folgend vor einem plötzlich auftauchen-
den, laut knatternden Motorrad davonlaufen wollen. Eine durchaus
nachvollziehbare Reaktion – in einer Umgebung, in der es Fuß-
gänger, Autos und Verkehrskreuzungen gibt, aber schnell auch eine
gefährliche Reaktion für alle Beteiligten. Hier muss das Pferd einfach gelernt haben, auf die entsprechenden Hilfen seines Reiters zu
hören, ihm zu vertrauen und sich von ihm kontrollieren zu lassen.
Durchlässigkeit kann hier lebensrettend sein. Um sie zu erreichen,

Auch im Gelände soll ein Pferd gelassen den Hilfen seines Reiters folgen.

Ein entspanntes und zufriedenes Pferd
vermittelt auch beim Ausreiten ein besseres Reitgefühl.

muss aber zumindest ein Mindestmaß an Versammlung beim Pferd erarbeitet worden sein. Sie ist auch Voraussetzung für die Balance, die – ist das Pferd nicht korrekt auf die Hinterhand gearbeitet – nicht sicher gegeben ist. Ein ausbalanciertes Pferd unter einem ebenfalls ausbalanciert sitzenden Reiter ist viel eher in der Lage, kritische Situationen, wie sie in unwegsamem Gelände während eines Ausrittes oder einer Reitjagd viel häufiger als auf einem plan gezogenen Dressurviereck vorkommen können, zu meistern und einen Kopfübersturz zu vermeiden.

Das ‚Mindestmaß an Versammlung' entsteht letztlich erst durch das methodische Vorgehen gemäß der Ausbildungsskala, die ja nicht vom Mensch erfunden wurde, sondern vom Pferd vorgegeben ist. Reiter und auch Reitlehrer sollten sich deshalb bemühen, die Punkte Takt, Losgelassenheit, Anlehnung, Schwung, Geraderichtung und Versammlung zumindest ansatzweise auch bei der Arbeit mit einem reinen Freizeit- und Geländepferd zu erreichen. Natürlich ist es grundsätzlich egal, ob ein Ausreitpferd im Wald Pass geht oder nicht. Immerhin stehen keine Richter hinter den Bäumen und vergeben Noten für Reinheit der Gänge. Trotzdem aber ist die Taktstörung, wie

Alle Sinne

„Für das Reiten im schwierigen Gelände ist die Losgelassenheit von Reiter und Pferd ein unbedingtes Erfordernis. Nur die vollendete Beherrschung der gesamten Körpermuskulatur und die ungehinderte Kozentration aller Sinne auf das zu überwindende Gelände ermöglichen jene unwillkürlich zweckmäßigen Bewegungen, die oft an unübersichtlichen Hindernissen blitzschnell notwendig werden, um einen drohenden Sturz zu vermeiden oder ungefährlich zu gestalten."

DR. UDO BÜRGER,
Oberstabsveterinär der Heeres-Reit- und Fahrschule Hannover, 1939

Erst Vertrauen und Durchlässigkeit lassen einen Ausritt zum Genuss werden.

bereits in Kapitel II ausführlich beschrieben, Zeichen für Verspannungen und damit eben ein Bremsklotz auf dem weiteren Weg der korrekten Ausbildung hin zur Durchlässigkeit. Ausnahmen sind hier nur die mehrgängigen Pferde, also solche, bei denen Pass und Tölt angeboren und durchaus erwünscht sind (Isländer, Paso Peruano, etc.). Ausreiten also nur noch hochkonzentriert, hochversammelt und hochkontrolliert? Natürlich nicht. Der Spaß und die Entspannung sollen erhalten bleiben. Korrektes Reiten in Anlehnung an die Skala der Ausbildung heißt ja nicht, dass ein Ausreitpferd in der Top-Haltung eines Rustys oder Farbenfrohs durch den Wald tanzen soll. Ein Grundmaß an korrekter Haltung, verbunden mit einer feinen Durchlässigkeit genügt und macht den Ausritt zum Vergnügen für Mensch und Tier. Um dies zu erreichen, sollte auch der Geländereiter ein ausreichendes Wissen über die Zusammenhänge von Reiten und Rittigkeit haben und sich dieses Wissen in qualifiziertem Reitunterricht und mittels guter Fachliteratur aneignen.

TIPPS FÜR DIE AUSBILDUNG

Wer wissen will, ob sein Freizeit-Pferd zumindest in Ansätzen der Forderung nach Durchlässigkeit genügt, kann sich und sein Pferd auch als reiner Freizeitreiter einigen interessanten, aussagekräftigen und auch unterhaltsamen Prüfungen unterziehen.
So gibt es für Geländereiter Wander-, Distanz- sowie Jagdreitabzeichen. Voraussetzung für diese ist der Basispass Pferdekunde. In der Praxis geht es um den Umgang mit dem Pferd. In der Theorie werden Grundlagen zum Pferdeverhalten, zu Sicherheitsaspekten, Unfallverhütung, Bestimmungen des Tierschutzgesetzes, Fütterung und Haltung sowie zur Pferdegesundheit abgefragt. Diese Abzeichen sind in der APO, der Ausbildungs- und Prüfungsordnung der FN geregelt. Darüber hinaus gibt es noch diverse breitensportliche Wettbewerbe wie unter anderem Allroundwettbewerbe, Formationsreiten oder Strecken-Wettbewerbe für Reiter (alle in der LPO, der Leistungsprüfungsordnung geregelt). All diese Prüfungen sollen neben der Vermittlung von Horsemanship und Wissen vor allem auch den Anreiz zur reiterlichen Weiterbildung geben.

REINING – ANDERS UND DOCH ÄHNLICH

Reiter mit Cowboy-Hüten, rasante Spins und spektakuläre Stops – was kann die Westerndisziplin Reining mit der klassischen Dressur schon verbinden? Nichts, wird hier sicher so mancher sagen und liegt damit doch falscher als er glaubt. Die Verbindung zwischen diesen beiden so konträr wirkenden Disziplinen ist auf jeden Fall gegeben, und zwar über das Pferd. Die Präsentation eines Reining-Pferdes mag völlig anders aussehen als die eines klassisch gerittenen Dressurpferdes, und auch der Begriff ‚Skala der Ausbildung‘ wird vielen Reinern ein Fremdwort sein. Das Training der Vierbeiner unterscheidet sich aber gar nicht so sehr wie man glauben könnte, denn egal ob Western-, Spring-, Voltigier- oder Dressurpferd: Ein Pferd bleibt immer ein Pferd – mit vier Beinen, Rumpf, Hals und Schädel und einem ‚pferdigen‘ Wesen. Kein Wunder also, dass es auch bei der Ausbildung von klassischen Sport- und western gerittenen Reining-Pferden allerhand (naturgegebene) Gemeinsamkeiten gibt.

Das geht schon beim Takt los. Auch beim Reining wird Wert darauf gelegt, dass ein Pferd taktrein geht. Allerdings wird in der Prüfung nur Galopp verlangt, Trab kommt gar nicht vor, Schritt wird lediglich gezeigt, wenn Pferd und Reiter den Platz betreten. Bewertet wird beim Reining letztlich nur der Takt im Galopp. Der soll aber – ebenso wie bei den anderen Reitsportdisziplinen – als klarer Dreitakt zu erkennen sein. Taktfehler führen, da sie auf Probleme in der Rückentätigkeit weisen, zu Abzügen in der Beurteilung.

Das Gleiche gilt für die Losgelassenheit. Genau wie bei der klassischen Reiterei gehört sie zu den Grundpfeilern der Ausbildung, denn auch ein Westernpferd kann nur optimale Leistung bringen, wenn es körperlich und mental gelöst ist. Wer auf einem deutlich verspannten Pferd in eine Reining-Prüfung einreitet, läuft Gefahr, so viel Punktabzug zu bekommen, dass sich ein Weiterreiten gar nicht mehr lohnt. Auf den ersten Blick total anders bewertet scheint beim Reining die Forderung der klassischen Ausbildungsskala nach

Viele Wege

„Beim Reining führen viele Wege nach oben. Wir haben kein Lehrbuch, nach dem wir uns richten. Unser einziger Maßstab ist das Turnier."

GRISCHA LUDWIG,
Ausbilder, Europameister, Weltmeister, Futurity Champion, Trainer des deutschen Jugend-Nationalteams

Auch beim Reining ist Durchlässigkeit gefragt.

Anlehnung zu sein. Denn während in der klassischen Reiterei der Zügel leicht anstehen soll, muss er beim korrekt gerittenen Reining-Pferd durchhängen. Trotzdem, so weit auseinander sind sich auch hier Klassiker und Westernleute nicht. Zwar soll das Westernpferd nie ans Gebiss gehen, sondern leicht dahinter bleiben, doch wird

VOM »WILDEN WESTEN« UNTER DIE FITTICHE DER FEI

Entstanden ist die Disziplin Reining aus der Gebrauchsreiterei der Cowboys im ‚Wilden Westen‘. Sie brauchten für die tägliche Arbeit auf den riesigen Weiden wendige kleine Pferde, die auf geringste Bein-, Gewichts- und Stimmhilfen reagierten. Immerhin mussten ihre Reiter die Hände frei haben für das Einfangen der Rinder oder – bei Bedarf – für die Verteidigung mit der Schusswaffe. Schon damals entwickelte sich zwischen den Cowboys regelrechte Rivalität darum, wer das schnellste, wendigste und geschickteste Pferd unterm Sattel hatte. Daraus gingen Wettbewerbe hervor, die zunächst Pferdefreunde in ganz Nordamerika begeisterten und inzwischen ihren Weg sogar bis nach Europa fanden. Einen schriftlich fixierten ‚roten Faden‘ der Ausbildung, wie ihn die Skala der Ausbildung vorgibt, existiert beim Reining allerdings bisher nicht. Jeder arbeitet sein Pferd nach eigenem Gusto, am Ende zählt nur das Ergebnis.

Seit 2000 ist Reining in die FEI (Fédération Equestre International) integriert und wurde damit den klassischen Reitsportdisziplinen gleichgestellt. Bei den Weltreiterspielen von Jerez de la Frontera im Jahr 2002 war Reining zum ersten Mal mit dabei. Heute wird Reining gerne auch als ‚Westerndressur‘ bezeichnet. Ähnlich wie in der klassischen Dressur wird eine Aufgabe (Pattern) verlangt, die sich aus diversen Lektionen (Manövern) zusammensetzt und im Galopp absolviert wird. Zu den Manövern gehören schnelle und langsame (versammelte) Zirkel, fliegende Galoppwechsel, schnelles Rückwärtsrichten, Roll Backs (180°-Drehungen auf der Hinterhand), Turn arounds oder Spins (360°-Wendungen) und Sliding Stops (Halt aus vollem Galopp), wobei die Pferde meterweit auf der Hinterhand über den Boden gleiten. Gerichtet wird von fünf Richtern, wobei das beste und das schlechteste Ergebnis gestrichen werden.

auch hier gefordert, dass sich das Pferd vertrauensvoll vorwärts-abwärts Richtung Reiterhand dehnt (allerdings ohne von ihr begrenzt zu werden). Lediglich zur Korrektur, beispielsweise bei zu ausgeprägter Vorhandlastigkeit, wird vorübergehend etwas stärker an die Hand herangeritten. Nimmt das Pferd wieder vermehrt Last

Ganz egal

„An sich funktioniert ein Pferd so, wie ein Pferd eben reagiert – egal ob Pony, Quarter Horse oder Warmblut."

GRISCHA LUDWIG,
Ausbilder, Europameister, Welt-meister, Futurity Champion, Trainer des deutschen Jugend-Nationalteams

Tempounterschiede, die auf kleinste Hilfen absolviert werden müssen, setzen Rittigkeit voraus.

Kontrolle

auf, soll es sich wieder am durchhängenden Zügel tragen. Das heißt aber nicht, dass es beim Reining mit seinem Kopf machen darf, was es möchte. Genau wie bei der klassischen Dressur werden Anlehnungsfehler mit Abzug bestraft, da sie auf Probleme bei der Rückentätigkeit und der Durchlässigkeit hinweisen.

Als Anlehnungsfehler gelten – auch hier sind sich wieder alle einig – Kopfschlagen, Maulaufreißen und sonstige Widersetzlichkeiten. Ein gut ausgebildetes Reining-pferd absolviert seine Manöver ebenso wie ein gut ausgebildeter ‚Klassiker' seine Lektionen mit geschlossenem Maul, zufriedenem Gesichtsausdruck und aufmerksamem Ohrenspiel.

Den vielleicht größten Unterschied zwischen klassisch und western gibt es bezüglich des Punktes Schwung. Das „Wie" des Galopps – vorausgesetzt er ist taktrein und losgelassen – ist für ein Reining-Pferd weniger bedeutend. Wichtiger ist das punktgenaue und feine Reagieren auf die unsichtbaren Reiterhilfen, das ‚Funktionieren auf Knopfdruck'. Ob der Galopp dabei mehr oder weniger schwungvoll ist, fällt nicht so sehr ins Gewicht – im Gegenteil. Ein zu schwungvoller und dabei noch hoch versammelter Galopp hat ja auch eine längere Schwebephase zur Folge. Was in der klassischen Dressur verlangt ist, könnte beim Reining aber eher schaden, da große, hohe Galoppsprünge zulasten der erforderlichen katzenhaften Wendigkeit gingen. Ein eher mittelmäßiger Schwung ist für ein Reining-Pferd besser. Nicht zu viel und nicht zu wenig, dann ist es genau richtig und reicht auch, um die Note für den „Eye Appeal" (Gesamteindruck) ein wenig nach oben zu bringen.

Dagegen ist die Geraderichtung auch beim Reining wieder ein Thema, bei den recht kurzen Quarter Horses aber kein all zu großes Problem. Der recht gering ausgeprägten natürlichen Schiefe ihrer Pferde entgegnen die Reiner, so wie klassische Reiter, mit dem Reiten vieler Biegungen, Schulterherein (zur Schulter- und Hüftkontrolle) sowie häufigen Tempowechseln.

Der letzte Punkt der Ausbildungsskala, die Versammlung, ist bei der Westerndressur ebenso Voraussetzung für die optimale Präsen-

tation der verlangten Manöver, wie in der klassischen Dressur für
die der Lektionen. Nur ein versammeltes Pferd arbeitet so unter den
Schwerpunkt, dass es sein Gewicht und das des Reiters vermehrt
mit Rücken und Hinterhand tragen kann und dadurch über beinahe
unsichtbare Hilfen vom Reiter kontrollierbar ist. Versammlungsfähigkeit ist deshalb auch für Reining-Pferde eine Grundforderung.
Ist sie nicht gegeben, lohnt sich die Ausbildung kaum.

Auch wenn die Versammlung beim Reining-Pferd anders aussieht als beim Dressurpferd, erkennt man doch die deutlich unter den Schwerpunkt vorfußenden Hinterbeine. Hier Grischa Ludwig bei einer Reining-Prüfung.

VOLTIGIEREN – AUCH HIER GEHT'S NICHT GANZ OHNE

Zu Hause bleiben

„Ohne Losgelassenheit beim Voltigierpferd braucht man erst gar nicht zum Wettkampf zu fahren, da kann man gleich zu Hause bleiben."

AGNES WERHAHN,
Longenführerin, Voltigier-ausbilderin, 25 nationale und internationale Medaillen, davon 21 mit selbst ausgebil-deten Pferden.

Rundherum im Kreise rum – da braucht man sich als Longenführer oder Voltigierer über die Skala der Ausbildung keine Gedanken zu machen. Denkste! Auch im Voltigiersport ist die Skala der Ausbildung richtungsweisende Grundlage für die Arbeit mit einem Volti-gierpferd. Eigentlich doch ganz logisch, immerhin müssen diese Pferde oft nicht nur einen Menschen auf dem Rücken tragen, sondern gleich eine ganze Gruppe. Und die vollführt dann auch noch akrobatische Turnübungen. Die Stärkung der Tragkraft des Rückens ist deshalb gerade für ein Voltigierpferd von besonderer Bedeutung. Gute Volti-Ausbilder gehen dabei grundsätzlich von der klassischen Reitlehre aus. Und ganz ähnlich wie beim Reiten ist der Takt bei der Auswahl und auch der Ausbildung eines Voltigierpferdes das Erste, auf das sie achten. Ohne einen sauberen und klaren Takt ist Volti-gieren gar nicht denkbar. Der Voltigierer muss hundertprozentig mit seinem Pferd im Gleichgewicht sein, um die schwierigen Übungen überhaupt ausüben zu können. Wirklich gut und harmonisch können sie auch nur sein, wenn nicht ein plötzlicher Takt-Rumpler seines Pferdes den Voltigierer stört. Aus diesem Grund gibt es nicht nur Noten für den Voltigierer, sondern auch eine Note fürs Pferd, die sich aus den Punkten „Dreitakt mit Schwebephase, Genick höchster Punkt und Längsbiegung" (Geraderichtung) zusammensetzt.
Ein Vierschlaggalopp gilt beim Voltigieren ebenso als Fehler wie beim Reiten, da er zeigt, dass das Pferd nicht genügend von hinten nach vorne durchspringt.
Auch die Losgelassenheit des Pferdes ist Grundvoraussetzung für ein korrektes und erfolgreiches Voltigieren. Reagiert ein Pferd dage-gen auf alles, was sich auf seinem Rücken abspielt, mit unwilligem Schweifschlagen, Wechseln in den Kreuzgalopp oder gar Bocksprün-gen, muss dies als Zeichen von Rückenverspannung ernst genom-men werden. Genau wie beim Dressurreiten ist in diesem Fall der ‚Gang zurück' nötig, also das vorübergehende Zurückschrauben der Anforderung zugunsten der Verbesserung der Losgelassenheit. Viele

Einen runden Galopp bei guter
Anlehnung – auch beim Voltigierpferd erreicht man das nur
durch systematische Arbeit.

Kriechen

„Wenn der Schwung
beim Pferd fehlt,
kommt der Voltigierer
nur hochgekrochen."

AGNES WERHAHN,
Longenführerin, Voltigier-
ausbilderin

Taktsicherheit des Pferdes
erleichtert die Übungen.

Übergänge, Abwechslung und Motivationsförderung sind auch hier
die Zaubermittel. Auf einem losgelassenen und mitschwingenden
Pferderücken voltigiert es sich bedeutend besser als auf einem verspannten – da unterscheiden sich Voltigieren und Reiten nicht im
Mindesten.

Erst durch das Erreichen von Takt und Losgelassenheit dehnt
sich das Pferd, auch das Voltigierpferd, besser ans Gebiss heran.
Zwar werden Voltigierpferde ausgebunden vorgestellt, doch heißt
das nicht, dass sich damit das Thema Anlehnung für sie erübrigt.
Durch eine leichte Verbindung zwischen Hand (in diesem Fall
Longiergurt) und Pferdemaul können die letzten drei Punkte der
Ausbildungsskala überhaupt erreicht werden. Ohne Anlehnung kein
dauerhafter Schwung, da die Aktivität der Hinterhand, wie bereits
schon ausführlich in Kapitel III erklärt, im Nirgendwo verpuffen
würde. Das Heranarbeiten der Hinterhand, das Steigern der Schubkraft bei gleichzeitig guter Anlehnung verbessert auch den Schwung
eines Voltigierpferdes. Durchaus kein überflüssiges Anliegen, da
ein schwungvoll von hinten nach vorn im klaren Dreitakt galoppie-
rendes Pferd es dem Voltigierer sowohl auf dem Rücken einfacher
macht als auch bei Aufsprüngen und Abgängen. Erst der Schwung
bringt dem Voltigierer das Gefühl für den richtigen Moment und
fördert beim Pferd gleichzeitig auch wieder die Anlehnung. Denn
nur das fleißig nach vorne unter den Schwerpunkt durchschwingende Hinterbein bringt das Pferd – auch das Voltigierpferd – dazu,
sich vertrauensvoll ans Gebiss heranzudehnen.

Schwieriger aber nichtsdestoweniger notwendig ist die Erarbeitung
der Geraderichtung bei Voltigierpferden. Schwierig, weil sie –
durchaus gewünscht – oftmals ein wenig lang im Rücken sind und
gerade an der Longe die Möglichkeit haben, nach außen auszuwei-
chen oder traversartig zu laufen.

Notwendig, weil vor allem Voltigierpferde beim Voltigiertraining und
im Wettkampf auf dem Linkszirkel hohen einseitigen Belastungen
(Gelenke, Muskeln) ausgesetzt sind. Nur ein vielseitiges Training,
bei dem auch auf das Erreichen der Geraderichtung Wert gelegt

wird, kann unkorrektes Gehen an der Longe und gesundheitsschäd-
liche Überbelastung verhindern. Sinnvoll ist es deshalb, beim Reiten
und bei der übrigen Longenarbeit (ohne Voltigieren) vermehrt auf
der rechten Hand zu arbeiten und verstärkt Lektionen zur Verbesserung der Geraderichtung abzufragen.

Selten erreicht, aber auf jeden Fall erstrebenswert, ist auch für das
Voltigieren die Versammlung. So wie es sich auf einem versammelten Pferd besser sitzt, so lässt es sich auf ihm auch besser voltigieren. Die Bewegung des Pferdes wird weicher, besser vorhersehbar,
kontrollierter.

Zwar wird Versammlung im Voltigiersport nicht explizit von den
Richtern verlangt, doch erleichtert sie den Aktiven auf dem Pferderücken die Übungen, da der Bewegungsablauf ruhiger und kaden-
zierter ist. Auch entlastet sie die Vorderbeine des Voltigierpferdes
und beugt somit Verschleißerscheinungen, die durch dauerndes
„auf der Vorhand Laufen" mit verursacht werden, vor. Dabei ist ein
hoher Versammlungsgrad à la Grand Prix nicht nötig, eine korrekte
Versammlung auf L-Niveau reicht vollkommen aus.

Wissen & Instinkt

„Um ein Pferd ausbilden
zu können, ist Wissen
Voraussetzung – gepaart
mit Können und Instinkt."

AGNES WERHAHN,
Longenführerin, Voltigier-
ausbilderin

Tipp

Spitzenvoltigierpferde werden meist nur zwei bis dreimal pro
Woche voltigiert, die übrige Zeit werden sie unterm Sattel gearbeitet (Dressur, Gelände, Gymnastikspringen) oder auf beiden
Händen longiert. Bei der dressurmäßigen Arbeit sollte, ebenso
wie bei allen anderen Pferden, immer das Augenmerk auf die einzelnen Punkte der Ausbildungsskala gelegt werden. Reiten im
Gelände und über kleine Gymnastiksprünge fördern darüber hinaus die Motivation des Pferdes. Die Longenarbeit sollte sich
nicht nur aufs Galoppieren beschränken, sondern auch Trab und
Schritt einbeziehen, um die Durchlässigkeit des Voltigierpferdes
zu fördern. Traben über Stangen, Übergänge Trab-Schritt und
Galopp-Trab sowie Galoppsprünge verlängern und wieder zurück-
holen sind an der Longe ebenso sinnvoll wie unter dem Reiter.
Auch Voltigierpferde sollten im Verlauf und am Ende der Arbeit
ihren Hals fallen lassen.

GESUNDHEITSMANAGEMENT GEHÖRT IMMER DAZU

Mens sana in corpore sano – ein gesunder Geist in einem gesunden Körper. Was einst der altrömische Satiriker Iuvenal für die Menschen formulierte, gilt nicht minder auch für unsere Pferde. Nur ein an Geist und Körper gesundes Pferd kann Leistung bringen, sei es die eines Spitzensportlers oder die eines zuverlässigen Freizeitpartners. Was nützt die beste Ausbildungsskala, wenn das Pferd krank ist oder leidet, wenn es Schmerzen hat, nicht leistungsgemäß gefüttert wird oder dumpf 23 Stunden täglich in einer kleinen Box vor sich hinvegetieren muss.

Vielleicht wäre der ‚blöde Gaul‘ oder der ‚heiße Ofen‘ ja gar nicht so stur oder spannig, wenn er seinen Bedürfnissen entsprechend gehalten, gefüttert und gemanaged würde. Vielleicht ist das Pferd ja nur gestresst, weil es keine Abwechslung hat, weil es über- oder unterfordert ist oder weil es zu viel, zu wenig oder das falsche Futter bekommt. Oder weil es Schmerzen hat.

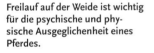

Freilauf auf der Weide ist wichtig für die psychische und physische Ausgeglichenheit eines Pferdes.

Die medizinische Bedeutung des ‚richtigen‘ Reitens ist von größerer Wichtigkeit, als mancher glaubt – nicht nur unter tierschützerischen

und ethischen Gesichtspunkten, sondern auch unter wirtschaftlichen Aspekten. Ein korrekt angerittenes und sorgsam ausgebildetes und gearbeites Pferd hält einfach länger und verusacht im Allgemeinen weniger Tierarztkosten.

Natürlich gibt es Ausnahmen, Pferde, die – ähnlich dem sprichwörtlichen „Montags-Auto" – andauernd irgendwelche Wehwehchen haben. Und auch Pferde, die trotz guter Aufzucht und Ausbildung krank werden oder früh sterben. Ein Großteil von Erkrankungen, vor allem von Verschleißerkrankungen, ließe sich aber durch „richtiges Reiten", sprich die Arbeit gemäß der Ausbildungsskala, verhindern. Die heute leider allzu oft verbreitete „Schnell-schnell-Methode", die das Pferd künstlich formt statt seiner Muskulatur Zeit zur Entwicklung zu geben, beschert den Tierärzten und Kliniken einen wahren Boom in Sachen Huf- und Fesselgelenkentzündungen, Fesselträgeranrissen, Ilio-Sakralgelenkproblemen und sonstigen Rückenleiden. Eine Mehr-Beschäftigung mit den anatomischen und physiologischen Zusammenhängen und ihren Auswirkungen auf die Entwicklung und damit verbundenen Anforderungen ans Reiten würde so manches Pferd vor Schaden bewahren.

Langes Leben

„Wenn alle die Skala der Ausbildung berücksichtigen würden, hätten wir nur langlebige Pferde. Die Pferde, die ich ausgebildet habe, sind alle sehr alt geworden. Das hat mir gezeigt, dass das Vorgehen nach der Skala der Ausbildung wohl der beste Weg ist."

AGNES WERHAHN,
Longenführerin, Voltigierausbilderin

Gute Leistung kann man nur erwarten, wenn das Pferd auch gut, sprich qualitätsvoll, gefüttert wird.

Nur bei ungezwungener Bewegung auch ohne den Reiter kann ein Pferd all seine Bedürfnisse ausleben.

Vertraut

„Nur der vielfache Umgang mit dem Thiere kann uns seine Begriffe und seine Ansichten erraten lassen. Wer da glaubt, daß es schon genug sei, ihm Futter und Streu in Hülle und Fülle zu reichen; daß es schon hinlänglich sei, es nicht zu schlagen, der irrt sehr, und wird niemals zu glücklichen Resultaten gelangen; die Stimme, das Auge, und die Art und Weise der Berührung des Menschen sind die großen Hilfsmittel, durch welche sich der Reiter mit dem Pferde bekannt und vertraut machen muß."

CAVALLERIE-LEUTNANT KLATTE
aus: „Die Schnell-Dressur des Remonte-Pferdes", Berlin 1829

Zur Ausbildung eines Pferdes gehört also nicht nur das Wissen um die einzelnen Punkte der Ausbildungsskala, es gehört vielmehr auch ein umfangreiches Wissen über das Lebewesen Pferd dazu. Wer ist mein Pferd? Was braucht es? Wie kann ich ihm gerecht werden? Das sind Fragen, die sich jeder verantwortungsvolle Reiter stellen sollte. Die Realität sieht anders aus. Da gibt es Reiter, die vor lauter Theorie die Praxis vergessen, und andere, die weder von der Theorie, noch von der Praxis Ahnung haben aber trotzdem Pferdehalter sind. Wer weiß schon, wie viel Kilogramm Kraft- und Raufutter sein Pferd im Reitstall täglich bekommt? Und wer weiß schon, ob es die für das jeweilige Pferd überhaupt passende Ration ist? Wissen Sie, warum Ihr Pferd täglich so viel Raufutter erhalten muss? Setzen Sie sich in Ihrem Stall für (gesundheitsnotwendige) frische Luft ein? Oder schließen Sie abends etwa auch die Fenster, damit Ihr Pferd nicht friert? (Was es in unseren Breiten übrigens nicht tut!)
Wer sein Pferd ausbildet – sei es in kleinem Rahmen, sei es für höhere sportliche Weihen –, darf sich also nicht nur auf das Reiten beschränken, sondern muss sich auch um das Wohl seines Pferdes Gedanken machen. Die Skala der Ausbildung kann nur zum langfristigen Erfolg führen, wenn auch ein pferdegerechtes Management betrieben wird – mit dem obersten Ziel: Gesunderhaltung.

Zum Gesundheitsmanagement gehören:

- Möglichst artgerechte Haltung (Licht, Luft, Bewegung),
- leistungsgerechte Fütterung,
- Gesundheitsvorsorge (Wurmkuren, Impfungen, fachgerechte(r) Hufpflege/Hufbeschlag, etc.),
- in Zweifelsfällen Gesundheits-Checks (z.B. Blutuntersuchungen),
- bei akutem Bedarf Behandlung (Tierarzt, Physiotherapeut, etc.)
- Therapie.

FÜTTERUNG (PRO TAG)

KRAFTFUTTER der Arbeitsleistung entsprechend, im Durchschnitt (bei mittlerer Arbeit, 500 kg schweres Pferd) 3–4 kg
RAUFUTTER etwa 1 kg pro 100 kg Körpergewicht (Wichtig! Raufutter ist unter anderem für eine gesunde Verdauung wichtig. Knappe Heurationen können zu Koliken führen.)
WASSER nach Bedarf (Ein Pferd trinkt täglich rund 30 l Wasser (im Winter), im Sommer oder bei Anstrengung auch 60 l
SAFTFUTTER etwa 1 kg

Auch für Pferde wichtig: Licht, Luft und Gesundheitsvorsorge.

HALTUNG

LUFT Ein Pferd atmet aus/verdunstet über seine Lungen/Haut rund 3 l Flüssigkeit pro Tag. Aus diesem Grund muss der Stall über eine gute Luftzirkulation und hohe Raumdecken verfügen, da sonst, vor allem in Verbindung mit dem aus Urin entstehenden Ammoniak, das Raumklima speziell in Ställen mit mehreren Pferden gesundheitsschädlich wird. Chronische Atemwegserkrankungen können die Folge sein.
LICHT Dunkelheit oder stete Neonbeleuchtung lässt auch Pferde leiden! Große Fenster und Lichtleisten müssen Tageslicht hereinlassen.
BEWEGUNG Pferde sind Steppentiere; in freier Wildbahn legen sie täglich etwa 20 km zurück. Aus diesem Grund brauchen sie statt 23 Stunden Einzelhaft viel Bewegung (Arbeit unter dem Reiter oder an der Longe, Ausritte, täglichen Weidegang, Boxen mit Mindestgröße 3,50 x 3,50 m oder gegebenenfalls Offenstallhaltung).

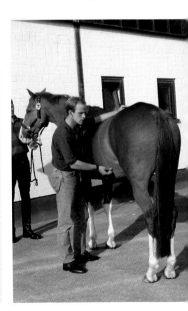

FERTIG AUSGEBILDET – UND JETZT?

Richtig ausgebildet ensteht Harmonie zwischen Reiter und Pferd.

Das Pferd ist bis L- oder M-Niveau ausgebildet, geht in ansprechender Versammlung und macht – zumindest meistens – unterm Sattel das, was sein Reiter will. Die Skala der Ausbildung kann nun also abgehakt und zu den Akten gelegt werden? Auf gar keinen Fall. Auch wer sein Pferd nicht weiter als bis L ausbilden kann oder will oder nur gemütlich durchs Gelände reitet, darf die sechs Punkte der Skala nicht aus den Augen verlieren. Die Ausbildungsskala soll nämlich nicht nur als Ausbildungsleitlinie verstanden werden, sie ist vielmehr der rote Faden der gesamten Reiterei. Pferde sind Lebewesen und als solche Veränderungen unterworfen, positiven wie negativen. Sie lernen – und sie verlernen. Was einmal in der Ausbildung erreicht wurde, bleibt nicht unbedingt auf ewig bestehen. Die Vorstellung, sich ein ausgebildetes Pferd kaufen und darauf die nächsten Jahre ohne reiterliches Können und ohne kontinuierliche Fortbildung Leistung und „Funktionieren" einfach per Knopfdruck abfragen zu können, ist illusorisch. Wer auch nur einen der Punkte Takt, Anlehnung, Losgelassenheit, Schwung, Geraderichtung oder Versammlung vernachlässigt – ganz egal in welchem Alter oder Ausbildungsstand sich das Pferd befindet –, wird schnell mit weiteren Problemen zu kämpfen haben. Denn Durchlässigkeit heißt gleichzeitig auch Gesundheitsschonung. Nicht umsonst wird aus so manchem eleganten L-fertigen Nachwuchskracher oft ein „Otto-Normal-Esel" oder aus dem gut gerittenen und schicken Lehrpferd oft recht schnell ein stumpf auf der Vorhand gehender Oldie.

Die Skala der Ausbildung sollte für jeden Reiter, ganz egal welche Disziplin er bevorzugt, eine Art Bibel sein. Nicht, weil jeder Reiter zum Dressursport bekehrt werden soll, sondern weil das Ziel der Ausbildungsskala, die Durchlässigkeit des Pferdes und die Harmonie zwischen Reiter und Pferd, das Anliegen jeder Sport- oder Freizeit-Disziplin ist (oder zumindest sein sollte). Wo der Reiter einwirken statt ziehen, sitzen statt plumpsen und reiten statt juxen kann, da wird auch das Pferd nicht verschlissen.

Eine derart korrekte Grußauf-
stellung wäre nicht möglich,
wenn die Reiterin bei der
Arbeit die Skala der Ausbildung aus den Augen verlieren
würde.

RICHTLINIE FÜR RICHTER

Vor allem in der Dressur, aber auch in den Springpferde- und Eignungsprüfungen, gibt die Ausbildungsskala den beurteilenden Richtern einen hilfreichen Leitfaden an die Hand. Wer als Richter unsicher ist, ob ihm eine Lektion oder ein Ritt gefallen hat, sollte sich einfach fragen: War der Takt in Ordnung? Präsentierte sich das Pferd losgelassen? Wie sah es mit der Anlehnung aus? War die Vorstellung schwungvoll? Ist die Geraderichtung erkennbar? Entspricht der Versammlungsgrad (in Dressuren) der Anforderung? Je mehr dieser Fragen mit Nein beantwortet werden, desto schlechter muss die Bewertung ausfallen. Dabei sind Mängel im Ausbildungs-Fundament – Takt, Losgelassenheit, Anlehnung – stärker zu bestrafen als Schwächen im ‚Aufbau‘. Die Wichtigkeit der Skala wird beim ge-trennten Richten auch noch mal durch die Schlussnoten unterstrichen, die doppelt gezählt werden und die einzelnen Skala-Komponenten noch einmal abfragen.

Grundsätzlich heißt es – zumindest in der Richterausbildung –, dass ein Pferd mit deutlichen Taktstörungen, also Pass im Schritt, unglei-

Auch bei der Notenfindung orientieren sich Richter an der Skala der Ausbildung.

chen Tritten im Trab oder andauerndem Viertakt im Galopp, keine Fünfer-Benotung mehr erhalten darf. Denn 5 heißt immerhin ‚genügend' – und das ist eine Taktstörung nun wirklich nicht. Beim gemeinsamen Richten könnten die Richter den gesamten Ritt mit einer entsprechend schlechten Note bestrafen und das Pferd auf diese Weise aus der Platzierung heraushalten. Beim getrennten Richten passiert es dagegen häufiger, dass sich ein Pferd mit einer problematischen bis ‚kaputten' Gangart noch in die Platzierung mogelt, wenn die restlichen Einzellektionen brauchbare Noten von 6 und besser bringen. Vor allem bei einem passartigen Schritt kann dies schnell geschehen, da meist nur zwei bis drei Schrittlektionen verlangt werden. Um Platzierungen trotz kaputten Schrittes möglichst zu verhindern, wird der Schritt ab L mit dem Faktor 2 multipliziert, fällt also mehr ins Gewicht. Kommt dann noch bei den ebenfalls doppelt gezählten Schlussnoten bei ‚Reinheit der Gänge' ein Dämpfer von 5 oder schlechter hinzu, ist es meist schon vorbei mit der Platzierung. Haben Pferd und Reiter Probleme mit den übrigen fünf Komponenten der Ausbildungsskala, wird dies zwar nicht mit einigen wenigen Lektionen so stark bestraft wie beispielsweise bei einem passartigen Schritt, zieht sich schlimmstenfalls aber durch die gesamte Prüfung und gibt somit auch reichlich Abzug. Eine einzelne Anlehnungsunstimmigkeit fällt meist nicht allzu negativ ins Gewicht, ein sich wie ein schlechter roter Faden durch die Prüfung ziehender Anlehnungsfehler dagegen sehr wohl. Und dies gibt dann, je nach Ausprägung, Abzug in mehreren bis allen Lektionen. Ein Pferd kann zumindest für das Gefühl vom Sattel aus, noch so sauber und fehlerlos seine Aufgabe präsentiert haben – wenn es dabei durchweg eng im Hals war, kommt eine gute Note normalerweise nicht zustande. Dass dies keine Richterschikane oder Geschmacksfrage ist, weiß jeder, der Kapitel II und III dieses Buches studiert und den Sinn der Ausbildungsskala verstanden hat. Die Skala der Ausbildung ist nichts anderes als die systematische Aufbauarbeit für Körper und Psyche des Pferdes und damit Voraussetzung dafür, dass aus Reiten Reitkunst werden kann, und dass Pferde so lange wie möglich gesund bleiben.

„NEUE TRAININGSMETHODEN" – HEILIGT ERFOLG ALLE MITTEL?

Nicht über 15°

„Die Halswirbelsäule ist dreidimensional bewegbar. Wenn man die Wirbelkörper eines Pferdes nun um mehr als 15 Grad in der Längsrichtung abknickt und das über einen längeren Zeitraum häufig wiederholt, kommt es nachgewiesenerweise zu kleinsten Läsionen des Rückenmarks. Dies kann auf Dauer zu schweren Schädigungen führen. Viele Pferde haben regelrechte Ausfallserscheinungen in der Sensorik wie Gefühllosigkeit der Halswirbelsäule, gestörte Reflexe, Koordinationsstörungen und auch sensorische Störungen der Hinterhand. Wir beobachten in der täglichen Praxis eine Zunahme gerade der Rücken- und Hinterhandproblematiken."

DR. PETER CRONAU
Fachtierarzt für Chirurgie,
Fachtierarzt für Pferde, langjähriger FEI-Chefveterinär

Sie heißen „Rollkur", „Neck-Stretching" oder sonstwie und werden mittlerweile in der gesamten (Dressur-)Welt kontrovers diskutiert. Da wird von „neuen Trainingsmethoden" gesprochen, die viel effektiver seien als die klassischen und das Pferd darüber hinaus auch noch glücklich machen sollen. Nun denn. Ob ein Pferd in seinem Leben glücklich wird, hängt vermutlich von vielen Faktoren ab – von guter Fütterung, artgerechter Haltung, menschlicher Zuwendung und eben optimalem Training. Was aber ist „optimal"? Ist es immer das Training, das den spektakulärsten sportlichen Erfolg bringt? Oder ist es nicht vielleicht eher das Training, das sportlichen (oder reiterlichen) Erfolg in eine gesunde und ausgeglichene Beziehung setzt zu verschleißarmem und gesundheitsförderndem Reiten? Das klassische Vorgehen nach der Ausbildungsskala gewährleistet dies. Ob so genannte „moderne Methoden" das auch tun, darf bezweifelt werden – vor allem, wenn sie übertrieben eingesetzt werden. Stretching zum Beispiel hat, in Maßen, im sportlichen Training von Pferden (und Menschen) durchaus seine Berechtigung. Das aktive Dehnen der zuvor aufgewärmten Muskulatur verbessert die Beweglichkeit. Falsch angewendet kann es jedoch auch Schmerzen verursachen und sogar zu bösen Verletzungen führen. Wie das? Probieren Sie es doch einfach mal aus. Beliebte Übung: Verschränken Sie Ihre Hände hinterm Rücken und bitten Sie einen Helfer, Ihnen langsam die Arme Stück für Stück nach oben zu bewegen. Dabei werden vor allem die vordere Schulter- und seitliche Armmuskulatur gedehnt. Aber Vorsicht! Rufen Sie „Halt", wenn's zu weh tut. Zieht Ihr Helfer Ihnen die Arme nämlich über diesen Schmerzpunkt, drohen Zerrungen, Muskel- und Bänderrisse sowie Gelenkluxationen. Eine nicht gerade angenehme Vorstellung. Genauso unangenehm geht es Pferden, denen Reiter in falsch verstandenem Flexing- und Stretching-Wahn den Hals verrenken, und dann, wenn sich das Pferd verständlicherweise gegen den aufkommenden Schmerz wehrt, noch Stricke und Bänder (und nichts anderes sind im allge meinen Schlaufzügel!!!) einsetzen und kräftig weiterziehen. Dass sich auf diese Weise kein positiver Lern- und Trainingseffekt, sondern höchstens eine vorübergehende oder dauerhafte Selbstaufgabe beim Pferd einstellen kann, liegt auf der Hand.

Das gleiche gilt für die „Rollkur" – ein Begriff, der unverständlicherweise international bereits Eingang gefunden hat als Bezeichnung einer "deutschen Trainingsmethode" für Pferde. Rollkur, liebe Leute, ist eine umgangssprachliche Bezeichnung für eine althergebrachte Behandlungsmethode bei Magenreizungen. Der Patient „rollt" nach Medikamenteneinnahme (meist ein starker Kamillentee) aus der Rücken- in die Seitlage, dann in die Bauchlage und wieder in die Seitlage, um seine Magenschleimhäute von allen Seiten mit dem Tee zu umspülen.

Mit Reittraining hat das eigentlich recht wenig zu tun, auch wenn der Begriff bereits in den frühen 90er Jahren Einzug in den Dressursport fand – allerdings lediglich durch eine entsprechend publikumswirksame Überschrift in einem Fachblatt. Damals ging es um das tiefe Einstellen, mit dem Dressurausbilder Dr. Schulten-Baumer seine Schüler, allen voran Nicole Uphoff, später auch Isabell Werth, trainieren ließ. Dass dieses tiefe Einstellen nichts mit dem „Aufrollen" des Pferdes, das man heute in vielen Reitställen und auf Turnierabreiteplätzen sieht, zu tun hat, begreifen viele Reiter nicht. Sie ahmen nach, was sie nicht verstehen. Wer einmal einem Schulten-Baumer'schen Training zugesehen hat, weiß, dass dieses vermeintliche Aufrollen immer über ein aktives Hinterbein mit (vom Widerrist aus) fallen gelassenem Hals geschieht und jederzeit in jeder Lektion abgefragt und auch jederzeit in eine Dehnungshaltung aufgelöst werden kann.

Die Nachahmer dagegen ziehen dem Pferd den Kopf auf die Brust, so dass es, selbst wenn die Reiterhand es erlauben würde, hinter der Senkrechten verharrt. Die Folge: Verspannung, Nervosität, unzufriedene Gesichtsausdrücke, festgehaltene Rücken, nicht unter den Schwerpunkt schwingende Hinterbeine, pinselnde Schweife, Kreuzdarmbein-Blockaden und vieles mehr. Glückliche Pferde?

Gangarten kaputt

„Schon junge Pferde werden bei Auktionen mit spektakulären Tabverstärkungen vorgestellt – bei eng eingestelltem Hals, hochgezogenem Genick, verkürzter Oberlinie und festem Rücken. Und Olympische Spiele und Weltmeisterschaften werden inzwischen mit einer Gangart gewonnen, die nichts mehr mit dem Ursprung, einer im Zweitakt diagonal fußenden Gangart, gemein hat, sondern mehr eine ‚Strampelgangart', eine Art ‚kastrierte Passage' ist. Die einzigen, für die so gerittene Pferde arbeiten, sind wir Tierärzte, denn Rückenprobleme und Gelenkprobleme sind bei solch einer Reitweise vorprogrammiert."

DR. GERD HEUSCHMANN,
Fachtierarzt für Pferde, Pferdewirt Schwerpunkt Reiten

Abknicken macht krank

In der modernen (humanen) Sportwissenschaft wird immer darauf hingewiesen, dass beim Stretching unter anderem ein Abknicken der Halswirbelsäule zu vermeiden ist. Denn die gesundheitlichen Folgen übertriebenen Stretchings könnten schlimmstenfalls sein: Spondylolisthese (Wirbelgleiten), Stenose (Einengung des Spinalkanals), Spondylose deformans (zackenförmige Verkalkungen an der Wirbelsäule), Arthritis/Arthrose, Quetschung der Rückenmarksnerven. Sind Pferde so anders?

Besonders negativ kann sich die Kombination aus eng Aufrollen und übertrieben seitlichem Stretchen auswirken. Die Anatomie der Pferdehalswirbelsäule ist für derartige Verrenkungen über einen längeren Zeitraum hin nicht gemacht (siehe Abbildung). Verfechter dieses zweifelhaften Vorgehens behaupten gerne, dies sei effektiver als die „German Method", wie in diesem Zusammenhang gerne die „Skala der Ausbildung" übersetzt wird. Dabei ist die Skala keine deutsche Erfindung, sondern eine in Europa über lange Jahre entstandene und lediglich in Deutschland systematisierte und niedergeschriebene Methode (siehe S. 13).

Eng, enger, Kopf auf die Brust – solche Methoden widersprechen der klassischen Ausbildung

Ob und in welchem Umfang übertriebenes seitliches Stretching und enges Aufrollen des Pferdehalses gesundheitsschädigende Folgen haben, wird seit Mitte 2005 in diversen veterinärmedizinischen Studien erforscht. Genaue Ergebnisse werden aber erst Langzeituntersuchungen bringen. Neu ist die Erkenntnis möglicher Wirbelsäulenschädigungen beim Pferd allerdings nicht. Bereits 1897 wurde im „preußischen statistischen Veterinärbericht" das pathologisch-anatomische Bild der Spondylosis deformans, also der zackenförmigen Verkalkung an den Wirbelkörpern mit den daraus entstehenden negativen Folgen (Einengung des Wirbelkanals, Versteifung etc.) beschrieben.

Heute weiß man, dass – ganz allgemein – vor allem dynamische und mechanische Faktoren für die Entstehung von Spondylosen ausschlaggebend sind, also dauernde oder übermäßige Kompression, Zug-, Rotations- oder Scherbewegung auf den Stütz- und Bandapparat der Wirbelsäule, vor allem auf die Disken und Intervertebralbänder, die zu Rissen im Gewebe führen. Die chronische Druckwirkung auf das Rückenmark in der Halswirbelsäule führt dabei zu einer schleichenden Schädigung der darin verlaufenden Nervenbahnen. Eine der bei Spondylose angesagten konservativen Therapien besteht im Strecken der Wirbelsäule – wie es in der Pferdeausbildung durch das Vorwärts-Abwärts-Reiten erreicht wird.

Befürworter der Halsverdreherei argumentieren dagegen gerne damit, durch „moderne Methoden" gebe es ja auch im Human-Sport bessere Leistungen. Stimmt. Aber um welchen Preis! Man denke nur an die Turnflöhe mancher Ostblock-Staaten, die im Kindesalter ungeheure Höchstleistungen brachten, um dann als Erwachsene als körperliche Wracks zu enden. Oder an andere Hochleistungssportler, die ihre körperliche und psychische Gesundheit um der Erfolge willen ruinierten. Menschliche Sportler können ihre Entscheidungen selber treffen, zumindest ab einem bestimmten Alter. Pferde dagegen sind, ebenso wie kindliche Sportler, vom Verwantwortungsbewusstsein ihrer Ausbilder, Reiter und Besitzer abhängig. Und hier sollte man sich immer die Frage stellen, ob Erfolg wirklich alle Mittel heiligt!

Eindruck schinden

„Ein Pferd darf nicht zusammengeschraubt werden. Natürlich kann man es in der Arbeit mal kurz ein wenig runder einstellen, um den Rücken zu heben. Aber man darf seinen Hals nicht mit Hilfszügeln und scharfen Gebissen über eine längere Phase gewaltsam eng zusammen und womöglich noch seitwärts ziehen. Das tut dem Pferd garantiert weh und entspricht nicht der artgerechten Ausbildung. Viele Reiter wollen anscheinend mit spektakulären Lektionen Eindruck schinden, statt den reellen Ausbildungsstand eines Pferdes vorzuführen. Dabei steht glücklicherweise die Ausbildungsskala noch im Mittelpunkt von Dressurprüfungen – oder sollte es zumindest. Wird dies verwässert zugunsten von spektakulärer Effekthascherei, ist das für mich Zirkus."

KLAUS BALKENHOL
Weltmeister, Mannschafts-Olympiasieger, ehem. Bundestrainer, US-Coach, Mitbegründer von Xenophon (Gesellschaft für Erhalt und Förderung der klassischen Reitkultur)

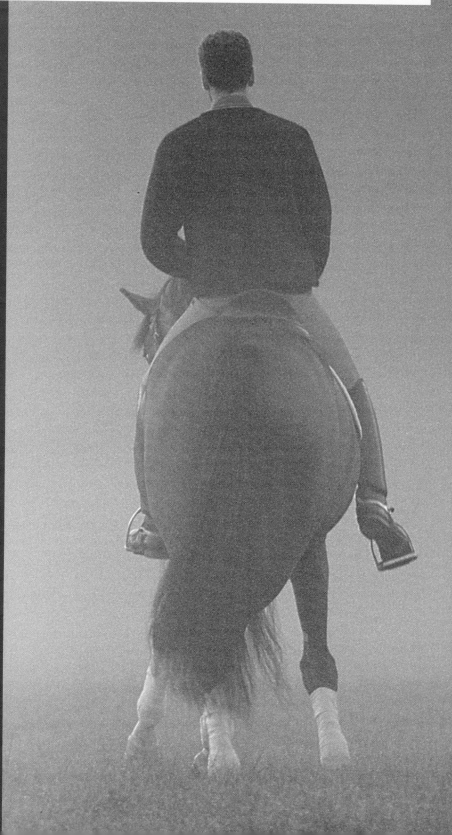

SERVICE

Zum Weiterlesen

Aguilar, Alfonso
Wie Pferde lernen wollen; Bodenarbeit,
Erziehung und Reiten, Kosmos 2004
Der Mexikaner Alfonso Aquilar, bekannt für
seine begeisternde und einfühlsame Art Pferde
zu trainieren, zeigt anhand vieler praktischer
Übungen den Weg auf, wie Pferde in ihrem
Wesen begriffen und gefördert werden können.

Bayley, Lesley
Trainingsbuch Bodenarbeit; Die Methoden
und Übungen der besten Pferdeausbilder,
Kosmos 2006
Alles Gute kommt vom Boden. Denn Bodenarbeit fördert das Körpergefühl, dient der Gymnastizierung und ist eine ideale Ergänzung
zum Reiten. Hier sind die Methoden der bekann-
testen Ausbilder erstmalig in einem Buch
beschrieben.

Cummings, Peggy
Connected Riding; Besser reiten
mit inneren Bildern, Kosmos 2005
Connected Riding verhilft dem Reiter zu einer
inneren Beweglichkeit und äußeren Geschmeidigkeit, die ihn mit seinem Pferd in Kontakt
bringen. Ziel ist ein ausbalancierter Reiter, der
sich in einer neutralen Beckenposition befindet
und so locker mit den Bewegungen des Pferdes
mitgehen kann. Dies gelingt durch innere Bilder
anstelle von technischen Reitanweisungen.

Hinrichs, Richard
Reiten mit feinen Hilfen; Sitz, Einwirkung,
Motivation für Reiter, Kosmos 2005
Richard Hinrichs erklärt in seinem Buch das
umfassende Wissen zum richtigen Reitersitz
und zur feinen Hilfengebung bis in schwierige
Lektionen hinein.

Hölzel | Plewa
Profitipps für Reiter; Grundlagenarbeit,
Springausbildung, Dressurtraining,
Kosmos 1992/2003
Jeder ambitionierte Turnier- und Freizeitreiter
steckt für sich und sein Pferd Ziele, sei es für das

reiten auf dem Dressurplatz, im Springparcours
oder im Gelände. „Profitipps für Reiter" bietet
in klarer übersichtlicher Frage-Antwort-Form die
Wege für eine erfolgreiche Umsetzung.

Klimke, Ingrid und Dr. Reiner
Grundausbildung des jungen Reitpferdes;
Von der Fohlenerziehung bis zum ersten
Turnierstart, Kosmos 2005
Jedes Pferd, ob es im Sport oder in der Freizeit
geritten wird, braucht eine solide und fundierte
Grundausbildung, damit es seine Aufgaben
unter dem Reiter zuverlässig und motiviert erfül-
len kann. Der Longseller jetzt vollständig überar-
beitet und neu bebildert.

Krämer | Schumacher:
Die Kosmos Reitlehre; Erfolgreich im Sattel
von Anfang an, Kosmos 2002
Dieses Standardwerk greift alle Aspekte der Rei-
terei auf. Wollen Sie mehr über andere Reitwei-
sen erfahren oder auch nur über die klassische
Reitausbildung, dann ist dies ein Buch, das keine
Fragen offen lässt.

Kreinberg, Peter
Der Freizeitreiterkurs; Grundausbildung
für entspanntes Reiten, Kosmos 2005
Dieser Reitkurs ist für jede Reitweise und alle
Pferderassen geeignet. Zahlreiche Übungen
liefern die Grundlage für ein entspanntes und
sicheres Reiten im Gelände und auf dem
Reitplatz.

Meyners, Eckart
Das Bewegungsgefühl des Reiters;
Das innere Auge schulen, reiterliche Probleme
lösen, mit über 300 praktischen Übungen,
Kosmos 2003
Mit der Meyners-Methode entwickelt der Reiter
ein Gefühl für seine Bewegungsabläufe, Rhythmus und Gleichgewicht. Mit gezielten Übungen
werden anhand von Detail-Illustrationen Schritt
für Schritt die häufigsten Reitprobleme und Sitz-
fehler korrigiert. Denn ein lockerer Reiter ist die
Voraussetzung für erfolgreiches Reiten.

Meyners, Eckart:
Bewegungsgefühl und Reitersitz; Reitfehler
vermeiden – Sitzprobleme lösen, Kosmos 2005
Mit dem Praxisbuch zur Meyners-Methode
bekommt jeder Reiter flatternde Schenkel, hohe
Absätze und unruhige Hände in den Griff. Das
6-Punkte Kurzprogramm für besseres Reiten
und der mobile Stuhl „Balimo" werden erfolgreich auf Lehrgangen eingesetzt.

Richtlinien für Reiten und Fahren
Grundausbildung für Reiter und Pferd,
FN-Verlag der Deutschen Reiterlichen
Vereinigung 1994
Dieses Standardwerk liefert das Grundwissen
rund um das Pferd und den Pferdesport.

Richtlinien für Reiten und Fahren
Ausbildung für Fortgeschrittene,
FN-Verlag der Deutschen Reiterlichen
Vereinigung 1994
Hier sind die Grundsätze der fortgeschrittenen
Ausbildung zu finden.

Schöffmann, Britta Dr.
So gelingt die Dressurprüfung; Nennen,
starten, gewinnen, Kosmos 2002, 2006
In welcher Prüfung darf ich starten? Welches
sind die wichtigsten Lektionen? Was wollen
die Richter sehen und wie kann ich gewinnen?
Dieses Buch zeigt Ihnen den Weg von der Nennung bis zur Siegerschleife.

Schöffmann, Britta Dr.
Lektionen richtig reiten; Übungen von A-Z mit
Olympiasiegerin Isabell Werth, Kosmos 2005
Von A wie Abwenden bis Z wie Zick-Zack-Tra-
versale findet der Reiter in diesem Buch jede
wichtige Lektion ausführlich erklärt. Er erfährt,
wie die Übungen richtig geritten werden, welche
Fehler man vermeiden sollte und mit welchen
Hilfen die Lektionen Schritt für Schritt erarbeitet
werden.

Schöning, Barbara Dr.
Das Kosmos Erziehungsprogramm Pferde;
Pferdeverhalten verstehen, Verhaltensprobleme
vermeiden und lösen, Pferde richtig motivieren,
Kosmos 2004
Hier finden Sie das kleine Einmaleins des guten
Benehmens für Pferde und wie Sie es auch mit
Ihrem Pferd spielerisch und mit Freude errei-
chen.

Stahlecker, Fritz
Das motivierte Dressurpferd, Kosmos 2000
Wer beim Ausbilden von Dressurpferde mehr
Wert auf Ästhetik und Kreativität legt als auf
Drill und Kraftaufwendung, findet hier den richtigen Weg. Nach der Hand-Sattel-Hand-Methode
können Lerneifer und Neugier des Pferdes
schon ab einem Alter von ca. zweieinhalb Jahren
spielerisch und stressfrei genutzt werden.

Empfehlenswerte Videos/DVD

Hinrichs, Richard
Reiten mit feinen Hilfen,
Video, Kosmos 1998

Kreinberg, Peter
Aufbaukurs Westernreiten,
Video und DVD, Kosmos 2003

Penquitt, Claus
Die neue Freizeitreiter-Akademie,
Video und DVD, Kosmos 2003

Tellington-Jones, Linda
Reiten nach der TTEAM-Methode,
Video, Kosmos 1999

Quellen

André, Jul. Christ. Heinr.
(königl. preussischer Stallmeister bei der vereinten
Friedrichs-Universität Halle Wittenberg)
Gründliche Anleitung zur Reitkunst, Halle 1837

Barnekow, Marten von
(neu überarbeitet von H.D. Donner)
Die Ausbildung des Springpferdes, Verlag St.Georg,
Düsseldorf 1971

Brudermann, Rudolf
(K. K. Rittmeister im 7. Chevauleger-Regimente),
Abrichtung des Champagnepferdes im Freien,
Wien 1843

Bürger, Dr. Udo
(Oberstabsveterinär und leitender Veterinäroffizier
der Heeres-Reit- und Fahrschule Hannover) und Dr.
Dr. h.c Otto Zietschmann
(Prof. der Anatomie an der Tierärztlichen Hoch-
schule Hannover) **Der Reiter formt das Pferd,**
Verlag M. & H. Schaper, Hannover 1939

Groos (Oberleutnant)
**Über die Anwendung der Longe in der Dressur des
Soldatenpferdes,** Berlin 1906

W. Klapp
(Hauptmann d. R. im 2. Rhein. Feldartillerie-Regi-
ment Nr. 23) **Eine Fillis-Studie,** Druck und Verlag
von H.O. Persiehl, Hamburg 1914

Klatte
(Königl. Pr. Premier-Lieutenant der Cavallerie)
Die Schnell-Dressur des Remontepferdes,
Berlin 1829

Krane, Fr. von (Rittmeister und Eskadron-Chef im
4. Cürassier-Regiment) **Die Dressur des Reitpferdes,**
Verlag der Coppenrath'schen Buch- und Kunsthand-
lung, Münster 1856

Seunig, Waldemar
Am Pulsschlag der Reitkunst, Hoffmann Verlag,
Hildesheim 1961

Wätjen, Richard
Die Dressur des Reitpferdes, Paul Parey Verlag,
Berlin 1922

Nützliche Adressen

Deutsche Reiterliche Vereinigung (FN)
Freiherr-von-Langen-Str. 13
D-48231 Warendorf
Tel. 0 25 81·6 36 20
Fax 0 25 81·6 21 44
e-mail: fn@fn-dokr.de
www.fn-dokr.de

**Bundesfachverband für Reiten und Fahren
in Österreich (BFV)**
Geiselbergstr. 26-35/512
A-110 Wien
Tel. 0043·(0)1·749 92 61-13
Fax 0043·(0)1·749 92 61-91 oder 90
e-mail: office@fena.at
www.fena.at

Schweizerischer Verband für Pferdesport (SVPS)
Papiermühlestr. 40H
Box 726
CH-3000 Bern 22
Tel. 0041·(0) 3 35 43 43
Fax 0041·(0) 3 35 43 58
e-mail: info@svps-fsse.ch
www.svps-fsse.ch

**Vereinigung der Freizeitreiter in Deutschland
e.V. (VFD)**
Auf der Hohengrub 5
D-56355 Hunzel
Tel. 0 6772·963 09 80
Fax 0 6772·963 09 85
www.vfdnet.de

Register

Mehr wissen, besser reiten!

Britta Schöffmann
Lektionen richtig reiten
208 Seiten, 186 Abbildungen
€/D 26,90; €/A 27,70; sFr 45,30
Preisänderung vorbehalten
ISBN 978-3-440-10102-5

- Von A wie Abwenden bis Z wie Zick-Zack-Traversale – Alle Lektionen geritten von Olympiasiegerin Isabell Werth

- Ein Nachschlagewerk von ganz einfach bis sehr anspruchsvoll – mit zahlreichen Detailabbildungen und Übungen

Britta Schöffmann
So gelingt die Dressurprüfung
128 Seiten, 109 Farbfotos
€/D 19,95; €/A 20,60; sFr 33,70
Preisänderung vorbehalten
ISBN 978-3-440-10680-8

- Training und Turniersaison optimal planen, Dressuraufgaben üben, Prüfungs-Protokolle richtig lesen und vieles mehr.

- Dieser Turnierratgeber erklärt den Weg von der korrekten Nennung über den erfolgreichen Start bis zum Sieg.

KOSMOS

www.kosmos.de